mon BAC facile

Pour s'entraîner par étapes

Term

W0416841

PHILOSOPHIE

Katy Grissault

Nathan

MODE D'EMPLOI

9 sujets corrigés pour s'entraîner dans les mêmes conditions qu'à l'examen.

ÉNONCÉS

SUJET 1 ÉNONCÉ L'art

Explication de texte 20 pts 4 H → Corrigé p. 19

› Expliquez le texte suivant :

TEXTE *Humain, trop humain*, Friedrich Nietzsche

L'activité du génie ne paraît pas le moins du monde quelque chose de foncièrement différent de l'activité de l'inventeur en mécanique, du savant astronome ou historien, du maître en tactique.

- Le nombre de points
- La durée de l'épreuve
- Les renvois aux corrigés clairement indiqués pour chaque sujet

› **Exercice**

Relevez les connecteurs logiques du texte, puis donnez leur fonction.

Connecteur logique	Fonction

Les conseils du prof !

- Relever et analyser les connecteurs logiques vous aidera à comprendre les **liens logiques** entre chaque mouvement du texte.
- Pour comprendre la **structure logique du texte** (son plan), il faut se demander :
  – **Ce que fait l'auteur** (pose-t-il une thèse, tire-t-il les conséquences de ce qu'il vient d'établir ?).
  – **Ce que dit l'auteur** (quel est le contenu, l'idée du propos ?).

Écrivez vos réponses **directement sur le cahier.**

Les conseils du prof vous donnent des **indications.**

Une rubrique pour vous aider à **comprendre et analyser le texte ou le sujet.**

S'entraîne

Analyser le texte

ÉTAPE 1 Lire le texte

- **Lisez le texte plusieurs fois** afin d'en saisir le sens général.
- **Surlignez les termes importants et les connecteurs logiques.** Les connecteurs logiques sont les mots de liaison (« si », « mais », « car », « donc »…). Ils vous aideront à repérer la structure logique du texte.
- **Repérez le thème du texte.** Ce texte porte sur l'art, et plus particulièrement sur le génie.

ÉTAPE 2 Comprendre le texte

- **Reformulez les idées, phrase par phrase** aider, posez-vous les questions suivantes :
  – **Que fait l'auteur ?** Est-il en train de défe thèse, de critiquer une position, d'illustrer s par un exemple ?
  – **Que dit l'auteur ?** Quel est le contenu d l'idée ? Que signifie cette phrase ?
- **Relevez et analysez les termes-clés.** Da il faut notamment se demander ce que d terme « génie » : il renvoie au génie artist

© Nathan, 2020 – 92, avenue de France, 75013 Paris
ISBN : 978 209 157506 3

CORRIGÉS

SUJET 1 CORRIGÉS

Dans un souci de clarté, le plan des corrigés est explicité par des titres. Cependant, la copie que vous rédigerez le jour de l'épreuve ne doit en comporter aucun.

Explication de texte → p. 12

Corrigé rédigé

Je comprends les corrigés

Introduction

L'art fascine. Et plus que lui encore, c'est souvent son créateur que nous mettons sur un piédestal. L'artiste nous apparaît comme un être différent, possédant un don spécifique qui le distingue du commun des mortels. Nous avons tendance à lui attribuer un caractère divin et supérieur : il serait le messager des dieux et possèderait un don inexplicable et inné, le « génie ». C'est cette idée reçue, cette fausse conception du

mettre quelqu'un sur un piédestal : l'admirer, le consic comme supérieur.

Des **corrigés détaillés** pour chaque sujet.

Une rubrique pour bien **comprendre les corrigés et marquer des points.**

FICHES MÉTHODE

FICHE 1 MÉTHODE L'explication de texte

Qu'est-ce qu'une explication de texte ?

- L'explication de texte consiste à **dégager les enjeux philosop et la démarche** d'un passage extrait de l'œuvre d'un des aute programme.
- **Vous devez :**

→ **montrer que vous avez compris le texte** en restituant son en justifiant ses propos ;

→ **mettre en évidence la structure de son argumentation** ;

→ **expliciter le problème philosophique** qu'il exprime ou résout

Des fiches pour bien comprendre la **méthode**.

Direction éditoriale : Raphaëlle Mourey
Coordination éditoriale : Julie Langlais
Édition : Sophie Petitprêtre
Conception graphique intérieur : Julie Lannes
Couverture : Simon Geliot
Composition : Fabienne Grain
Fabrication : Kévin Magar

SOMMAIRE

- Mode d'emploi 2
- L'organisation du nouveau Bac 6
- L'épreuve de Philosophie expliquée 9
- La méthode pour réussir 10

SUJET 1

L'art
- **Explication de texte** 12

La nature
- **Dissertation** 16

› CORRIGÉS 19

SUJET 2

Le bonheur
- **Explication de texte** 26

Le devoir
- **Dissertation** 30

› CORRIGÉS 34

SUJET 3

La conscience
- **Explication de texte** 40

L'inconscient
- **Dissertation** 44

› CORRIGÉS 47

SUJET 4

L'État
- **Explication de texte** 54

La justice
- **Dissertation** 58

› CORRIGÉS 61

SUJET 5

Le temps
- **Explication de texte** 68

Le langage
- **Dissertation** 72

› CORRIGÉS 76

SUJET 6

La liberté
- **Explication de texte** 82

La raison
- **Dissertation** 86

› CORRIGÉS 89

SUJET 7

La science
■ **Explication de texte** 96
La religion
■ **Dissertation** 100
› **CORRIGÉS** 103

SUJET 8

La technique
■ **Explication de texte** 110
Le travail
■ **Dissertation** 114
› **CORRIGÉS** 117

SUJET 9

La vérité
■ **Explication de texte** 124
La liberté
■ **Dissertation** 128
› **CORRIGÉS** 131

fiches méthode

Fiche ❶ L'explication de texte 138
Fiche ❷ La dissertation 141
Fiche ❸ L'épreuve orale 144

L'organisation du nouveau Bac

1. Le calendrier

- Deux sessions d'**évaluations communes** du contrôle continu sont mises en place en Première pour les enseignements communs. Elles se déroulent aux deuxième et troisième trimestres, et leurs dates sont fixées par les lycées.
- Une troisième session d'**évaluations communes** du contrôle continu est mise en place durant le troisième trimestre de Terminale.
- Les nouvelles **épreuves finales** ont lieu en mars pour les élèves de Terminale.

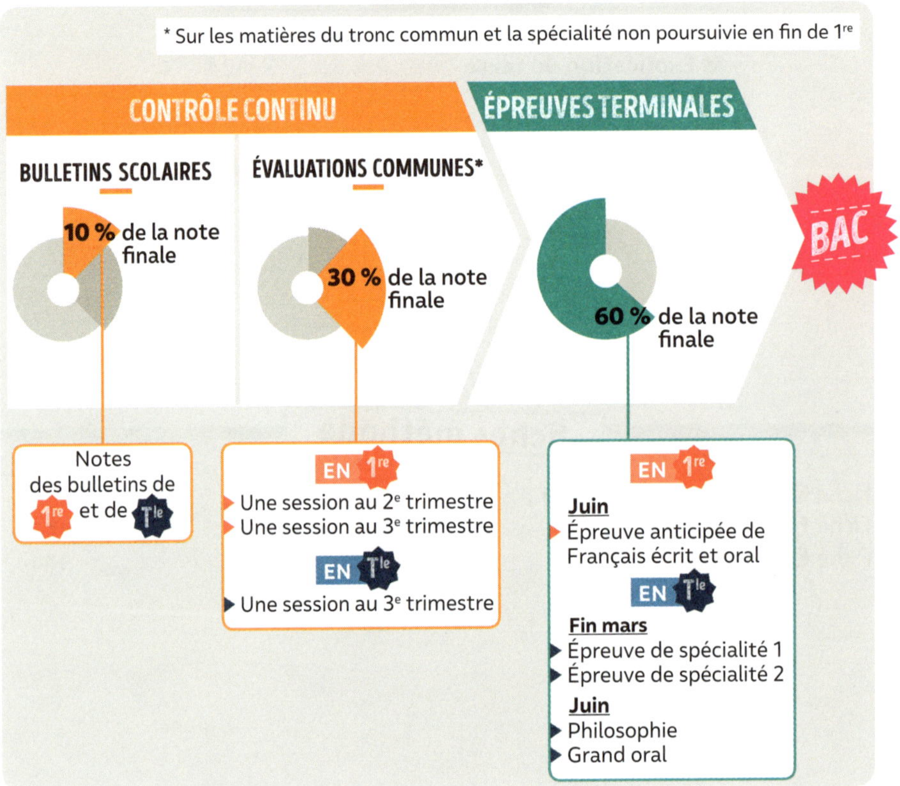

2. Le cycle terminal de Première et de Terminale

3 spécialités en Première, 2 spécialités en Terminale

- À la fin de l'année, les élèves de Première **sélectionnent parmi les trois spécialités** choisies en début d'année **celle qu'ils ne poursuivront pas** en Terminale.
- La spécialité abandonnée est évaluée en fin de Première par une **évaluation commune de contrôle continu** (30 % de la note finale).
- Les deux spécialités conservées en Terminale sont quant à elles évaluées par une **épreuve finale** en fin de Terminale (60 % de la note finale). Cette épreuve se déroule en mars.
- Par ailleurs, toutes les notes des **bulletins scolaires** de l'année comptent pour 10 % de la note finale.

L'épreuve finale pour la Philosophie

Trois sujets au choix :

– deux sujets de dissertation ;

– une explication de texte.

Les enseignements

LA CLASSE DE PREMIÈRE

ENSEIGNEMENTS COMMUNS

Français	4 h 00
Histoire-Géographie	3 h 00
EMC	18 h 00/an
LVA et LVB	4 h 00
EPS	2 h 00
N Enseignement scientifique	2 h 00

ENSEIGNEMENTS DE SPÉCIALITÉ 3 AU CHOIX

N Histoire-Géographie, géopolitique et sciences politiques	4 h 00
N Humanités, littérature et philosophie	4 h 00
N Langues, littératures et cultures étrangères	4 h 00
N Langues, littératures et cultures de l'Antiquité	4 h 00
N Numérique et sciences informatiques (NSI)	4 h 00
Mathématiques	4 h 00
Physique-Chimie	4 h 00
Sciences de la Vie et de la Terre (SVT)	4 h 00
Sciences de l'ingénieur	4 h 00
Sciences économiques et sociales	4 h 00
Arts	4 h 00

ENSEIGNEMENTS OPTIONNELS 1 AU CHOIX

LVC	3 h 00
Arts	3 h 00
EPS	3 h 00
LCA* : Latin	3 h 00
LCA* : Grec	3 h 00

N nouveau

* Les LCA peuvent être prises en plus.

LA CLASSE DE TERMINALE

ENSEIGNEMENTS COMMUNS

▶ Philosophie	4 h 00
▶ Histoire-Géographie	3 h 00
▶ EMC	18 h 00/an
▶ LVA et LVB	4 h 30
▶ EPS	2 h 00
N ▶ Enseignement scientifique	2 h 00

ENSEIGNEMENTS DE SPÉCIALITÉ — 2 AU CHOIX (parmi ceux choisis en 1re)

N ▶ Histoire-Géographie, géopolitique et sciences politiques	6 h 00
N ▶ Humanités, littérature et philosophie	6 h 00
N ▶ Langues, littératures et cultures étrangères	6 h 00
N ▶ Langues, littératures et cultures de l'Antiquité	6 h 00
N ▶ Numérique et sciences informatiques (NSI)	6 h 00
▶ Mathématiques	6 h 00
▶ Physique-Chimie	6 h 00
▶ Sciences de la Vie et de la Terre (SVT)	6 h 00
▶ Sciences de l'ingénieur	6 h 00
▶ Sciences économiques et sociales	6 h 00
▶ Arts	6 h 00

ENSEIGNEMENTS OPTIONNELS — 1 AU CHOIX

▶ Mathématiques expertes (seulement pour ceux qui ont pris la spécialité Maths en Tle)	3 h 00
▶ Mathématiques complémentaires (seulement pour ceux qui ont pris la spécialité Maths en 1re)	3 h 00
▶ Droit et grands enjeux du monde contemporain	3 h 00

Option de Première à poursuivre — 1 AU CHOIX

▶ LCA* : Latin et/ou Grec	3 h 00

N nouveau

* Les LCA peuvent être prises en plus.

Le Grand Oral

- Cette épreuve, d'une durée de **20 minutes**, se réalise devant un **jury** et porte sur les **spécialités** choisies par l'élève.
- **Elle se déroule en trois parties :**

1) l'élève présente une question portant sur un (ou les deux) enseignement(s) de spécialité ;
2) le jury interroge l'élève sur ces enseignements afin d'évaluer la capacité de l'élève à analyser et mobiliser des connaissances ;
3) s'ensuit enfin un échange à propos du projet d'orientation de l'élève.

L'épreuve de Philosophie expliquée

L'épreuve écrite obligatoire

1. Comment s'organise l'épreuve ?

- **Durée :** 4 heures.
- **Coefficient :** 8.
- **Caractéristiques de l'épreuve :** l'épreuve écrite porte sur la rédaction d'une explication de texte ou d'une dissertation au choix parmi trois sujets.

– Le sujet d'**explication de texte** est constitué d'un texte dont l'auteur figure dans la liste des auteurs au programme, qu'il vous est demandé d'expliquer. Le texte se rapporte explicitement à une ou plusieurs notions du programme. Vous n'êtes tenu de connaître ni la doctrine de l'auteur ni son œuvre.

– Les sujets de **dissertation** sont constitués d'une question qui appelle une discussion rigoureuse sur une ou plusieurs notions du programme. Vous devez en explorer les enjeux et examiner de façon critique et ordonnée la ou les réponses qu'elle appelle, en mobilisant votre culture philosophique.

- **Notation :** l'évaluation de la copie est globale et utilise tout l'éventail des notes de 0 à 20.

2. Quels sont les critères d'évaluation de ma copie de Bac ?

L'épreuve écrite évalue les compétences suivantes :
– identifier, poser et formuler un problème ;
– lire avec attention et expliquer avec précision un texte ;
– conduire un raisonnement de manière rigoureuse, en analysant et en élaborant les concepts mobilisés, en appréciant la valeur d'un argument et en discutant une thèse de manière pertinente ;
– composer avec méthode un travail écrit.

L'épreuve orale du second groupe

1. Comment s'organise l'épreuve ?

- Si, à l'issue des épreuves écrites, vous obtenez une moyenne générale entre 8 et 10, vous serez autorisé à passer les épreuves du second goupe. Vous choisirez alors deux matières parmi celles que vous avez passées à l'écrit lors des épreuves du premier groupe, que vous repasserez cette fois à l'oral.
- **Durée :** 40 minutes (20 minutes de préparation + 20 minutes de passage à l'oral).
- **Coefficient :** 8.
- **Caractéristiques de l'épreuve :** l'épreuve orale est composée de deux parties qui s'enchaînent : l'exposé et l'entretien.

– L'**exposé** (10 minutes) consiste en l'explication d'un passage d'une œuvre préalablement étudiée en classe. Vous devez expliquer le passage pour lui-même, en le replaçant dans la problématique générale de l'œuvre.

– L'**entretien** avec l'examinateur (10 minutes) permet de compléter et de développer l'explication initiale.

- **Notation :** l'épreuve est notée sur 20 points.

2. Quels sont les critères d'évaluation de mon oral ?

L'épreuve orale évalue les compétences suivantes :
– la connaissance de l'œuvre ;
– la compréhension du texte et la capacité à l'expliquer en mettant en évidence le problème auquel il renvoie.

La méthode pour réussir

Tout au long de l'année

- **Travaillez régulièrement** tout au long de l'année et n'hésitez pas à demander de l'aide à vos professeurs et à vos camarades.
- **Rédigez des fiches de révision** reprenant les points essentiels à connaître (définitions des notions et des repères, problématiques, conceptions des auteurs...).
- **Lisez régulièrement** des articles, des extraits ou des œuvres complètes pour développer votre réflexion et votre culture philosophique.
- **Faites le lien** entre votre vie quotidienne, les problèmes d'actualité et les problématiques vues en cours.

Le jour de l'épreuve

- **Prenez le temps de bien choisir votre sujet :**

– Ne vous précipitez pas sur un sujet parce qu'il porte sur la notion que vous connaissez le mieux. Il ne s'agit pas de réciter son cours, mais de réfléchir à un problème.

– Ne décidez pas d'emblée de choisir le texte (ou la dissertation) sans avoir eu connaissance des sujets. Vous devez choisir en fonction de votre compréhension et de l'intérêt que vous portez aux sujets.

- **Gérez correctement votre temps.** Prenez le temps de réfléchir au sujet et de construire votre devoir au brouillon avant de le rédiger. Prévoyez au moins 1 h 30 pour travailler au brouillon. Pensez à garder 15 minutes pour relire votre copie à la fin de l'épreuve.
- **Soyez attentif à la forme de votre devoir :**

– Commencez par l'**introduction**.

– Passez deux lignes, puis rédigez le **développement**. Celui-ci doit comprendre **2 à 4 parties** séparées par des **transitions**. Passez deux lignes entre chaque partie. Chaque partie doit être composée de **2 à 4 paragraphes**. À chaque paragraphe, effectuez un retour à la ligne et un alinéa.

– Enfin, passez deux lignes entre la dernière partie et la **conclusion**.

1. L'explication de texte

- **Lisez le texte attentivement** et analysez-le. Reformulez ses idées au brouillon.
- **Identifiez les notions en jeu** dans le texte.
- **Repérez les idées importantes** et la structure logique du texte.
- **Repérez et formulez la thèse et le problème philosophique** dont traite le texte.
- **Rédigez votre devoir** en suivant l'ordre du texte.

2. La dissertation

- **Analysez les termes du sujet** et conceptualisez-les.
- **Identifiez les notions en jeu** dans le sujet.
- **Problématisez le sujet :** montrez que la réponse à la question n'est pas évidente.
- **Identifiez les thèses et les arguments** permettant de répondre à la question.
- **Ordonnez vos idées :** faites un plan au brouillon.
- **Rédigez votre devoir.**

Remarque
Les fiches méthode à la fin de cet ouvrage vous donneront des indications précises et détaillées sur l'explication de texte, la dissertation et l'oral.

SUJET 1

20 pts

4 H

L'art

EXPLICATION DE TEXTE *Humain, trop humain*, Friedrich Nietzsche 12

Perspective L'existence humaine et la culture

La nature

DISSERTATION La culture est-elle une seconde nature ? 16

Perspective L'existence humaine et la culture

› CORRIGÉS 19

Explication de texte 20 pts 4 H

→ Corrigé p. 19

› Expliquez le texte suivant.

TEXTE ***Humain, trop humain*, Friedrich Nietzsche**

L'activité du génie ne paraît pas le moins du monde quelque chose de foncièrement différent de l'activité de l'inventeur en mécanique, du savant astronome ou historien, du maître en tactique. Toutes ces activités s'expliquent si l'on se représente des hommes dont la pensée est active dans une direction unique, qui utilisent tout comme matière première, qui ne cessent d'observer diligemment[1] leur vie intérieure et celle d'autrui, qui ne se lassent pas de combiner leurs moyens. Le génie ne fait rien que d'apprendre d'abord à poser des pierres, ensuite à bâtir, que de chercher toujours des matériaux et de travailler toujours à y mettre la forme. Toute activité de l'homme est compliquée à miracle[2], non pas seulement celle du génie ; mais aucune n'est un « miracle ».

D'où vient donc cette croyance qu'il n'y a de génie que chez l'artiste, l'orateur et le philosophe ? Qu'eux seuls ont une « intuition » ? (Mot par lequel on leur attribue une sorte de lorgnette[3] merveilleuse avec laquelle ils voient directement dans l'« être » !) Les hommes ne parlent intentionnellement de génie que là où les effets de la grande intelligence leur sont le plus agréables et où ils ne veulent pas, d'autre part, éprouver d'envie. Nommer quelqu'un « divin » c'est dire : « ici nous n'avons pas à rivaliser ».

En outre, tout ce qui est fini, parfait, excite l'étonnement ; tout ce qui est en train de se faire est déprécié[4]. Or personne ne peut voir, dans l'œuvre de l'artiste, comment elle s'est faite ; c'est son avantage, car partout où l'on peut assister à la formation, on est un peu refroidi.

Friedrich Nietzsche, *Humain, trop humain,* 1878.

---

1. *Diligemment* : avec soin et application.
2. *Être compliqué à miracle* : être extrêmement complexe, difficile.
3. *Lorgnette* : petite lunette grossissante.
4. *Déprécié* : rabaissé, critiqué.

La connaissance de la doctrine de l'auteur n'est pas requise. Il faut et il suffit que l'explication rende compte, par la compréhension précise du texte, du problème dont il est question.

Analyser le texte

ÉTAPE 1 **Lire le texte**

- **Lisez le texte plusieurs fois** afin d'en saisir le sens général.
- **Surlignez les termes importants et les connecteurs logiques.** Les connecteurs logiques sont les mots de liaison (« si », « mais », « car », « donc »...). Ils vous aideront à repérer la structure logique du texte.
- **Repérez le thème du texte.** Ce texte porte sur l'art, et plus particulièrement sur le génie.

ÉTAPE 2 **Comprendre le texte**

- **Reformulez les idées, phrase par phrase.** Pour vous aider, posez-vous les questions suivantes :
  – **Que fait l'auteur ?** Est-il en train de défendre une thèse, de critiquer une position, d'illustrer son idée par un exemple ?
  – **Que dit l'auteur ?** Quel est le contenu du texte, l'idée ? Que signifie cette phrase ?
- **Relevez et analysez les termes-clés.** Dans ce texte, il faut notamment se demander ce que désigne le terme « génie » : il renvoie au génie artistique.

› Exercice

Complétez le tableau suivant en reformulant les idées du texte et en précisant ce que fait l'auteur.

Phrase du texte	Ce que dit l'auteur	Ce que fait l'auteur
1re phrase (l. 1-3)	Ce que fait le génie en art n'est pas différent de ce que font les spécialistes dans d'autres domaines. Le génie ne serait donc pas un être à part.	Il énonce sa thèse.
2e phrase (l. 4-8)	• « Toutes ces activités s'expliquent » : les activités du génie ne sont pas incompréhensibles, irrationnelles. • Qu'est-ce qui caractérise ici les hommes d'exception, les spécialistes ? → Leur « pensée est active dans une direction unique » = ... → Ils « utilisent tout comme matière première » = ...	Il justifie ce qui vient d'être affirmé.

Les conseils du prof !

- Reformuler ce que dit l'auteur vous permettra de dégager et de mieux appréhender les **idées** du texte.
- La colonne « Ce que fait l'auteur » vous aidera à repérer les différents **mouvements** du texte.

Soyez attentif à la **ponctuation**, qui peut avoir une signification importante. Par exemple, les termes « miracle », « intuition », « être » et « divin » sont entre guillemets dans le texte, signe d'une certaine ironie de la part de Nietzsche.

	→ Ils « ne cessent d'observer diligemment leur vie intérieure et celle d'autrui » = ... → Ils « ne se lassent pas de combiner leurs moyens » = ...	
3e phrase (l. 8-10)	....	....
4e phrase (l. 11-12)	....	....
5e phrase (l. 13-14)	....	....
6e phrase (l. 14-15)	....	....
7e phrase (l. 15-16)	....	....
8e phrase (l. 17-19)	....	....
9e phrase (l. 19-20)	....	....
10e phrase (l. 21-22)	....	....
11e phrase (l. 22-25)	....	....

- Un **miracle** est un fait extraordinaire issu de la volonté divine.
- Quelle **vision de l'art** Nietzsche remet-il en cause en disant que l'activité artistique ne relève pas du miracle ?

Au début du second paragraphe, Nietzsche parle de « **croyance** ». Demandez-vous ce que sous-entend ce terme.

Dégager les éléments essentiels du texte

ÉTAPE 1 **Repérer les idées importantes et la structure logique du texte**

- **Interrogez le texte.** Pour chaque phrase, demandez-vous :
  – Pourquoi l'auteur dit-il cela ? Qu'est-ce qui justifie ses propos ? Parfois, les arguments se trouvent dans le texte, mais il arrive qu'ils ne soient pas explicitement donnés. Dans ce cas, c'est à vous de les reconstituer.
  – N'y a-t-il pas ici des présupposés, des références implicites ?
  – Que pourrait-on objecter à cette idée ?
- **Clarifiez le texte.** Illustrez les idées énoncées par des exemples, éclairez votre explication par des références philosophiques, analysez les concepts importants…
- **Dégagez le plan du texte.** Identifiez les différentes parties du texte. Chaque partie a une unité de sens et peut se reformuler en une phrase.

ÉTAPE 2 **Repérer et formuler la thèse**

- La **thèse** est l'idée que défend le texte dans son intégralité.

ÉTAPE 3 **Repérer et formuler le problème**

- Le **problème** est la question à laquelle le texte essaie de répondre ou la question qu'il fait surgir.
- **Repérez le problème** en vous demandant à quelle question répond la thèse.
- **Formulez le problème.** La question n'est problématique que si l'on montre que la réponse n'est pas évidente. Le problème doit donc opposer deux thèses.
- **Pour ce sujet, on peut formuler le problème ainsi :** le génie est-il un être divin qui a reçu un don inexplicable et mystérieux, ou bien relève-t-il d'une capacité à travailler intensément et d'une volonté de sortir du troupeau ? Est-il inné ou peut-il être le fruit d'une acquisition ?

› Exercices

1) Formulez le plan du texte en précisant les lignes qui délimitent les parties et en reformulant l'idée de chaque partie en une phrase.

1re partie	Ligne 1 à	....
2e partie	Ligne .... à	....
3e partie	Ligne .... à	....

2) Formulez la thèse.

....

....

....

Les conseils du prof !

- Rappelez-vous que la **structure logique** du texte est son plan.
- Aidez-vous du tableau de l'exercice précédent pour dégager le plan du texte.

Ne vous contentez pas de recopier une phrase du texte. Formulez la thèse avec vos propres mots afin que le correcteur puisse voir que vous l'avez bien cernée.

› Je rédige l'explication de texte

Imprimez votre copie pour rédiger

Dissertation 20 pts 4 H → Corrigé p. 22

› La culture est-elle une seconde nature ?

Analyser le texte

ÉTAPE 1 Repérer et définir les mots-clés

- **Définissez les termes du sujet :**

– **« Culture » :** ensemble des productions humaines spirituelles et matérielles. La culture est ce que l'homme ajoute à la nature.

– **« Nature » :**
1) ce qui est déjà là, non transformé par l'homme ;
2) la nature de l'homme est ce qui le définit, son essence.

– **« Seconde » :** le terme implique que l'on s'interroge sur ce qu'est la nature *première* de l'homme.

ÉTAPE 2 Problématiser le sujet

- **Formulez les présupposés du sujet** à partir de l'analyse de ses termes :

– On oppose ordinairement nature et culture. Or, le sujet les rapproche en présupposant que la culture est une seconde nature.

– Le sujet présuppose qu'il y a une « première » nature. Que peut être cette première nature ? Existe-t-elle réellement ?

– Il y a des cultures différentes. Or, le sujet porte sur la culture. Il faut donc distinguer *la* culture et *les* cultures.

- **Dégagez les questions** que soulève le sujet :

– L'homme peut-il être défini comme un être culturel ?

– La culture est-elle le propre de l'homme ?

– Peut-on considérer la culture comme la négation de la nature ?

ÉTAPE 3 Développer la réflexion sur le sujet

- **Identifiez les thèses possibles.** Demandez-vous quelles réponses on peut apporter à cette question et ce que cela peut impliquer.
- **Trouvez des arguments :**

– Demandez-vous ce qui justifie chaque thèse. Pourquoi peut-on affirmer ceci ou cela ?

– N'y a-t-il pas des objections ou des contre-exemples qui remettent en cause telle ou telle thèse ?

› Exercice

Analysez les affirmations suivantes : cherchez ce qui les justifie et ce qu'elles impliquent en répondant aux questions.

1) La culture est une seconde nature.

- Que présuppose cette affirmation ?

....

....

- Quelle pourrait être la « première nature » de l'homme ?

....

....

....

Les conseils du prof !

Pour répondre à cette question, aidez-vous de l'analyse de l'adage suivant : « Chassez le naturel, il revient au galop ».

Pour répondre à cette question, partez de la première définition de la nature (ce qui n'est pas transformé par l'homme).

- Argumentez en faveur de cette thèse en vous appuyant sur les définitions des termes « culture » et « nature ».

2) La culture n'est pas une seconde nature.

- En quel sens du terme « nature » peut-on dire que la nature n'existe pas vraiment ? Pourquoi ?

Cette affirmation présuppose soit qu'il n'y a pas de nature et que seule existe la culture, soit que l'homme est par nature un être de culture. Les deux sens ne s'excluent pas l'un l'autre.

- En quel sens du terme « nature » peut-on dire que l'homme est par nature un être de culture ? Qu'est-ce qui pourrait justifier cette affirmation ?

Demandez-vous quelles sont les **conséquences** des idées que vous admettez. Vous approfondirez ainsi votre réflexion.

- Puisqu'il y a des cultures différentes, que se passe-t-il si l'on considère que la culture correspond à notre culture particulière ? Quel risque court-on ?

Pour répondre à cette question, vous pouvez penser aux Grecs qui nommaient « barbares » tous ceux qui n'appartenaient pas à leur civilisation.

Rédiger la dissertation

ÉTAPE 1 Construire le plan au brouillon

- **Identifiez et hiérarchisez les idées de chaque partie.** Formulez au brouillon par une affirmation les idées principales. Chaque partie doit défendre une idée.
- **Déterminez les arguments et les exemples.** Précisez dans chaque partie les arguments qui vont justifier vos affirmations, ainsi que les exemples. Attention, ne rédigez pas tout au brouillon : vous manqueriez de temps.
- **Dégagez les grands axes.** Vous trouverez un plan possible pour ce sujet dans l'exercice ci-dessous.
- **Rédigez les transitions entre les parties.** Vous devez le faire au brouillon afin de vous assurer de la cohérence de votre plan.

ÉTAPE 2 Rédiger l'introduction

- **Rédigez l'introduction au brouillon.** Prenez le temps de construire une introduction soignée qui amène vraiment le sujet.
- **Justifiez le sujet.** Ne commencez pas directement par poser le sujet : montrez pourquoi cette question se pose en amenant un paradoxe.

› Exercices

1) Rédigez les transitions entre les parties.

I. La culture n'est pas une seconde nature parce que rien n'est naturel, à proprement parler, en l'homme.

Transition : ....

....

....

II. En revanche, on peut dire que l'homme est par nature un être de culture.

Transition : ....

....

....

III. Néanmoins, il ne faudrait pas en conclure que telle culture particulière accomplit la nature humaine.

2) Rédigez une accroche qui amène le sujet en analysant l'expression « C'est naturel ».

....

....

....

....

Les conseils du prof !

- Une **transition** comporte deux étapes :
  1) elle rappelle la thèse qui vient d'être établie ;
  2) elle opère et justifie le passage à la partie suivante.
- Le fait de rédiger les transitions au brouillon permet de s'assurer de la **cohérence** et de la **progressivité** du plan.

L'accroche expose un **paradoxe** qui justifie la question. Que veut-on dire par « C'est naturel » ? Par quel mot peut-on remplacer « naturel » dans cette expression ? Ce remplacement n'est-il pas discutable ?

› Je rédige la dissertation

Imprimez votre copie pour rédiger

Dans un souci de clarté, le plan des corrigés est explicité par des titres. Cependant, la copie que vous rédigerez le jour de l'épreuve ne doit en comporter aucun.

Explication de texte → p. 12

Je comprends les corrigés

Corrigé rédigé

Introduction

L'art fascine. Et plus que lui encore, c'est souvent son créateur que nous mettons sur un piédestal. L'artiste nous apparaît comme un être différent, possédant un don spécifique qui le distingue du commun des mortels. Nous avons tendance à lui attribuer un caractère divin et supérieur : il serait le messager des dieux et possèderait un don inexplicable et inné, le « génie ». C'est cette idée reçue, cette fausse conception du génie que Nietzsche remet en cause dans cet extrait d'*Humain, trop humain* : le génie n'est nullement un « miracle ». L'activité artistique géniale ne relève pas d'un don inné et divin. Elle n'est ni irrationnelle ni incompréhensible. Elle n'est que le fruit d'un travail intense, et ne doit donc pas être attribuée à une capacité mystérieuse. Pour développer cette idée, Nietzsche commence par un constat : nous avons tort de distinguer les activités humaines pour n'attribuer qu'au génie artistique des compétences spécifiques. Le savant n'est pas si différent de l'artiste, explique-t-il dans le premier paragraphe. Mais qu'est-ce qui nous pousse à les distinguer ? C'est ce que Nietzsche étudie dans les deux paragraphes suivants : deux raisons expliquent cette tendance spontanée à diviniser le génie. D'abord, la peur de se juger soi-même (second paragraphe). Ensuite, le sentiment de perfection dû au caractère fascinant de l'œuvre d'art (troisième paragraphe). Ainsi, doit-on voir dans le génie une activité purement rationnelle, auquel cas toute œuvre d'art géniale serait le fruit d'un travail intense, ou bien l'artiste est-il vraiment inspiré, avec toute la part d'irrationalité que comporte cette idée ?

> **mettre quelqu'un sur un piédestal** : l'admirer, le considérer comme supérieur.

> Annoncez dès l'introduction la **thèse** défendue par l'auteur.

> L'introduction doit présenter le **plan** du texte et mettre en avant sa structure logique : montrez comment les idées s'enchaînent.

> Précisez les **délimitations des parties** dans le texte. Attention, un paragraphe ne correspond pas toujours à une partie.

> Posez clairement le **problème** auquel renvoie le texte.

I. Le génie n'existe pas qu'en art et il n'est pas un don inné ou divin

Kant voyait dans le génie « la disposition innée de l'esprit par laquelle la nature donne ses règles à l'art », réservant l'appellation « génie » à l'artiste. Le génie est un don « inné » et inexplicable : on naît génial ou on ne le sera jamais. L'étymologie fait ressortir cette idée d'innéité inexplicable : *genius*, en latin, désigne la divinité présidant à la naissance. Si l'artiste est génial, c'est qu'il a un don mystérieux, ce qui nous amène à le regarder comme un « être à part » et à penser que l'activité artistique se distingue de toute autre activité. Cependant, nous avons coutume de considérer le savant également comme un génie. Nietzsche reprend cette idée afin de remettre en cause la fausse idée selon laquelle le génie artistique serait une disposition innée spécifique et irrationnelle. S'opposant à la thèse kantienne et aux préjugés du sens commun, il entreprend de démystifier l'activité artistique.

> N'hésitez pas à recourir à des **citations** et à des **références philosophiques** pour consolider votre explication.

> **innéité** : caractère de ce qui est inné. Est inné ce dont un être dispose dès sa naissance, par opposition à ce qui est acquis.

> **démystifier l'activité artistique** : lui enlever son caractère mystérieux.

L'activité artistique est comparable à « l'activité de l'inventeur en mécanique, du savant astronome ou historien, du maître en tactique » (l. 2-3). L'artiste exerce un art au même titre que l'inventeur, que le savant ou que le maître. Trois domaines d'activité humaine sont représentés ici : l'inventeur imagine de nouveaux procédés, il est le technicien par excellence. Le savant découvre les lois de la nature, il sonde et approfondit la connaissance. Enfin, le maître possède un savoir-faire qu'il peut enseigner et utiliser au mieux. L'art est donc comparable à la technique, à la connaissance et à l'action.

Les **énumérations** ne sont pas là par hasard. Expliquez-en chaque terme.

Analysez les termes du texte et interrogez-vous à partir de cette analyse : expliquer un texte, c'est aussi rendre explicite ce qui n'est qu'implicite.

Toute activité relève des mêmes compétences. Aucune n'est irrationnelle : « Toutes ces activités s'expliquent » (l. 4). Or, ce qui s'explique ne provient pas d'un don mystérieux. Nietzsche affirme ici que le génie, quelle que soit l'activité à laquelle il appartient, est toujours le fait d'une activité intense. Les hommes dits « de génie » sont d'abord ceux « dont la pensée est active dans une direction unique » (l. 5), c'est-à-dire ceux qui s'adonnent entièrement à un seul objet. Notons ici l'importance du terme « active », qui contraste avec la passivité de l'artiste conçu comme simple messager des dieux. Nietzsche, en considérant l'artiste comme actif, le consacre véritablement comme créateur. Enfin, les génies « ne se lassent pas de combiner leurs moyens » : infatigables, ils mettent tout en œuvre pour réaliser leur projet. Ainsi, l'œuvre ne naît pas d'elle-même, mais est le fruit d'un travail acharné et d'un courage à toute épreuve. C'est en ce sens que « toute activité de l'homme est compliquée à miracle, non pas seulement celle du génie ; mais aucune n'est un "miracle" » (l. 11-12). L'activité artistique n'a rien d'irrationnel ni d'incompréhensible. Comme toute autre activité géniale, elle résulte simplement d'un travail intense. C'est en ce sens que l'artiste ne se distingue pas du savant astronome, par exemple.

Citez régulièrement le texte et précisez toujours la ligne où se trouve le passage.

Analysez chaque terme du texte. Même les termes les plus insignifiants *a priori* ont leur importance.

Nietzsche désacralise et rationalise donc le génie, considéré ordinairement comme un être divin. Le philosophe va ensuite examiner les causes de ce préjugé : pourquoi avons-nous tendance à sacraliser le génie artistique et à distinguer l'activité artistique de toute autre activité humaine ?

Dans chaque **transition**, rappelez ce qui vient d'être établi dans la partie qui s'achève, puis opérez le passage vers la partie suivante en mettant en évidence le lien logique entre les deux parties.

II. Les raisons de la croyance en l'origine divine du génie

Le génie serait l'apanage de l'artiste, de l'orateur et du philosophe, pense-t-on ordinairement. Or, pour Nietzsche, ce n'est qu'une « croyance » (l. 13) que nous entretenons pour mieux nous considérer nous-mêmes. Nous pensons que les génies possèderaient « une sorte de lorgnette merveilleuse avec laquelle ils voient directement dans l'"être" » (l. 15-16). L'ironie nietzschéenne s'oppose explicitement à la conception platonicienne de la vérité et du monde. Selon Platon, le monde sensible n'est qu'une pâle copie du monde réel. L'artiste est le messager des dieux, d'où l'idée qu'il aurait une « intuition », une connaissance directe et immédiate. Le fait que ce terme soit mis ici entre guillemets accentue l'ironie nietzschéenne : cette prétendue intuition ne serait qu'une illusion. L'« être » dont il est question et que permettrait de voir l'intuition n'est autre que la prétendue réalité du monde intelligible qui se cache au-delà du monde sensible, monde intelligible que Nietzsche qualifie d'arrière-monde pour mieux souligner son caractère illusoire. Nietzsche critique une vision mystique et mystérieuse du génie, celle qui le considère comme étant inspiré des dieux.

être l'apanage de l'artiste : n'appartenir qu'à l'artiste.

La **lorgnette** est ici le symbole d'une capacité mystérieuse à voir la vérité mieux que le commun des mortels.

Soyez attentif à la **ponctuation** : si des termes sont entre guillemets ou en italique, c'est souvent qu'il y a un sous-entendu à expliquer.

arrière-monde : chez Nietzsche, monde inventé par les philosophes qui serait au-delà de la réalité sensible et où résiderait la vérité.

Une raison nourrit cette illusion : elle nous protège d'une réelle prise de conscience de ce que nous sommes. En effet, si le génie est divin, alors nous n'avons pas à rivaliser avec lui. L'illusion relève donc d'une sorte de lâcheté. On tient le raisonnement suivant : le génie est donné à quelques-uns à leur naissance. Je ne le possède pas, mais je n'en suis pas responsable. Je ne puis pas faire aussi bien, mais ce n'est pas ma faute. En croyant que le génie est divin, nous protégeons ainsi notre amour-propre. Or, le génie n'est pas l'effet d'un privilège divin, mais celui d'une « grande intelligence » (l. 18). Ce qui fait la différence entre le commun des mortels et le génie, selon Nietzsche, ce n'est pas un talent inné, mais une pensée active et créatrice : la volonté de puissance.

Une deuxième cause explique cette tendance à diviniser le génie. Son œuvre nous apparaît comme un tout achevé et ne témoigne d'aucun effort de travail. L'œuvre d'art confère un sentiment d'achèvement et de perfection qui occulte toute l'activité qui a précédé son élaboration. On voit le résultat et on en oublie l'effort et le temps qui ont été nécessaires à la création. Dans la mesure où « tout ce qui est fini, parfait, excite l'étonnement » tandis que « tout ce qui est en train de se faire est déprécié » (l. 21-22), on comprend que l'activité artistique jouisse d'un plus grand privilège. Mais c'est un jugement illégitime, car l'œuvre d'art nécessite elle aussi un long travail.

Première raison pour laquelle on croit que le génie est divin : cela nous déculpabilise de ne pas avoir fait d'œuvre géniale.

volonté de puissance : concept nietzschéen qui désigne la capacité d'un individu à affirmer son individualité, à sortir de la médiocrité par son travail acharné et l'exercice de son intelligence.

Seconde raison pour laquelle on croit que le génie est divin : son œuvre paraît parfaite.

Faites attention à la **syntaxe** quand vous insérez une citation dans une phrase.

Conclusion

En généalogiste, Nietzsche dévoile dans ce texte les causes de la croyance en l'origine mystérieuse du génie artistique. Le génie n'est, selon lui, que l'effet d'une grande intelligence et d'une volonté de puissance qui s'affirme dans un travail minutieux et acharné. Il est rationnel, et ce n'est que par peur de la culpabilité de ne pas faire aussi bien, par lâcheté et fascination illégitime que nous le jugeons mystérieux et divin. Par ce constat, Nietzsche en appelle à la volonté de puissance : n'est-ce pas à chacun de se prendre en main pour dépasser ses propres limites, au lieu de stagner dans la médiocrité par faiblesse et manque de courage ? C'est finalement une vision assez optimiste de l'homme que nous pouvons retirer de ce texte : l'homme ne serait pas, dès sa naissance, génie ou dénué de talent. À chacun de cultiver son jardin pour faire acte de création.

On dit de Nietzsche qu'il est « **généalogiste** » parce qu'il recherche les origines des idées traditionnelles pour remettre en cause ces idées.

Une explication s'achève toujours par une conclusion qui rappelle la **thèse** du texte et les principaux **arguments** évoqués par l'auteur. On peut aussi, en guise d'ouverture, évoquer les **enjeux** de la thèse.

Dissertation → p. 16

Corrigé rédigé

Introduction

Nombre de choses nous semblent naturelles alors qu'elles ne sont que le fruit de la culture. Il est « naturel » à nos yeux de dire « bonjour » à un ami que nous rencontrons parce qu'on nous a enseigné la politesse et que nous sommes habitués à agir ainsi, si bien que nous ne concevons pas d'autres façons de faire. Mais nous oublions souvent que ce qui est normal n'est pas forcément naturel. Dire « bonjour » est un acte culturel qui nous semble, paradoxalement, naturel. Doit-on pour autant en conclure que la culture est une seconde nature ? Est-il naturel à l'homme d'être un être culturel, ou la culture se présente-t-elle comme la négation d'une nature originelle ? En transformant l'homme et son environnement, la culture semble en effet remplacer, voire nier, une nature première. Mais qu'est-ce que cette nature première ? Peut-on concevoir l'homme indépendamment de la culture ? Si l'homme ne s'accomplit que dans la culture, ne doit-on pas considérer qu'il est par nature un être de culture ?

L'**accroche** s'appuie sur un paradoxe : nous confondons « naturel » et « normal », alors que ces deux termes renvoient à des réalités pourtant bien distinctes. Cela permet de justifier le sujet.

Le **sujet** est posé tel qu'il est donné, puis il est **reformulé**.

La **problématisation** du sujet donne le plan de la dissertation.

I. Une première nature introuvable

La culture est transformation du donné, négation de la nature. Par le travail et l'art, l'homme transforme la matière brute et crée un monde nouveau. La culture se présente alors comme l'autre de la nature (ce qui est donné, premier), comme l'artifice venant la remplacer. Et cela vaut aussi bien pour la nature comprise comme environnement physique de l'homme que pour l'homme lui-même qui, éduqué, refoule son animalité. La culture est donc ce que l'homme ajoute à la nature. Mais est-ce vraiment un ajout ? Si la culture est une « seconde nature », cela en présuppose une première. Mais qu'est-ce que cette première nature ?

On commence en montrant que **nature et culture s'opposent**, puis **on interroge l'existence même de ce que l'on nomme « nature »**.

La nature de l'homme se comprend comme l'ensemble de ses caractéristiques essentielles, ce qui la distingue de tout ce qui n'est pas humain. Doit-on la chercher dans des caractéristiques biologiques ? Celles-ci ne nous distinguent pas en tant qu'hommes, mais en tant qu'espèce différente des autres : ce n'est pas l'essence de l'homme que l'on atteint de ce point de vue. D'ailleurs, le corps ne peut être considéré comme purement naturel : on l'habille, le tatoue, le perce, le maquille… La culture ne vient donc pas nier une nature originelle, celle-ci est inexistante.

essence : ici, nature. L'essence de l'homme désigne ce qui le définit en propre et permet de le distinguer des autres êtres vivants. La question est alors de savoir en quoi consiste la nature humaine.

Certains ont cependant essayé de penser l'homme indépendamment de la culture. C'est notamment le cas de Rousseau qui, dans le *Discours sur l'origine et les fondements de l'inégalité parmi les hommes,* montre qu'à l'état de nature, l'homme est un être solitaire, oisif, innocent. Mais cet état n'est qu'un modèle théorique, non historique. Si Rousseau l'analyse, ce n'est que pour mieux dénoncer que ce qui nous semble naturel à l'état social n'a en réalité aucun fondement. Il note qu'entre l'homme social et l'homme sauvage, il y a une distance telle qu'on ne peut les comparer.

état de nature : selon Rousseau, état de l'homme indépendamment de toute culture.

La nature est un **modèle pour penser la culture,** non une réalité.

La nature n'est l'objet d'interrogation que pour l'homme déjà inscrit dans une culture. Elle est une idée construite par la culture. Si la nature première de l'homme n'existe pas en tant que réalité, c'est parce que l'homme se définit avant tout comme un être culturel.

La **transition** assure le passage de la première à la deuxième partie.

II. La culture est le propre de l'homme

Un homme qui vivrait isolé de tout autre membre de son espèce resterait à l'état animal et ne pourrait être considéré comme humain. Lorsque Aristote affirme que « l'homme est naturellement un animal politique » et que celui qui par nature n'appartient à aucune cité est soit « une créature dégradée » soit un dieu, il met en avant le caractère proprement culturel de l'homme. C'est par la vie en société, l'utilisation du langage, la distinction du juste et de l'injuste que l'homme se distingue des autres animaux et acquiert son humanité.

On amène l'argument de manière générale pour ensuite le renforcer par une référence à **Aristote**. Cet argument repose sur la distinction conceptuelle entre « **homme** » (au sens biologique) et « **humain** » (au sens moral).

Parce que l'homme n'est à la naissance pas spécialisé comme peuvent l'être les animaux, il doit advenir par la culture. Sa spécificité consiste, comme le notait Hegel, dans la négation de la nature brute, dans la transformation de celle-ci que l'homme opère en lui imposant sa volonté : « Ce besoin de modifier les choses extérieures est déjà inscrit dans les premiers penchants de l'enfant ; le petit garçon qui jette des pierres dans le torrent et admire les ronds qui se forment dans l'eau admire en fait une œuvre où il bénéficie du spectacle de sa propre activité. » Il apparaît, dès lors, que la culture est une des caractéristiques essentielles de l'homme et peut être considérée non pas comme sa seconde, mais comme sa première nature, son essence.

Si le propre de l'homme est de vivre en société et de transformer la nature, alors **la culture apparaît comme la nature première de l'homme.**

Le fait que l'homme vive constamment dans la culture le prouve : l'art, le travail, la technique sont autant de domaines qui manifestent son caractère culturel. L'homme évolue, il a une histoire, et son caractère culturel s'actualise par la diversité des formes de la transformation qu'il opère. Alors qu'une abeille est génétiquement prédéterminée à construire de telle sorte sa ruche, l'homme agit de façon contingente et construit des abris aussi divers que des tentes, des maisons, des immeubles. Sa nature consiste justement dans le fait qu'il n'a pas de nature, pas de caractères innés et universels qui détermineraient son mode de vie et d'action.

actualiser : accomplir, rendre réel, effectif.

contingent : aléatoire, incertain.

N'hésitez pas à prendre des **exemples** pour ancrer votre réflexion dans le réel.

La seule caractéristique commune à tous les hommes est qu'ils sont des êtres culturels, qu'ils transforment le monde. Mais les formes que prend cette transformation ne sont pas déterminées. Et tel est d'ailleurs le problème : n'y a-t-il pas danger à considérer l'homme comme un être culturel par nature, alors même que les cultures sont diverses ?

La **transition** interroge les conséquences de ce qu'établit la seconde partie.

III. Mais considérer que la culture est propre à l'homme ne doit pas mener à l'ethnocentrisme

« L'homme ne peut devenir homme que par l'éducation. Il n'est que ce qu'elle le fait. » Par cette affirmation, Kant signifie qu'éduquer, ce n'est pas supprimer le naturel, mais éveiller les dispositions naturelles de l'enfant, l'humaniser. Celui qui manque d'éducation n'a pas encore appris à développer ses capacités, aussi bien morales que cognitives. La culture est l'accomplissement de la nature humaine, de l'essence de l'homme.

capacités cognitives : capacités à connaître et penser.

Mais toute éducation est particulière et transmet des traditions, des enseignements différents. Les cultures sont diverses : elles ne sont pas propices à l'émergence du fond commun de l'humanité. Comment voir l'unité dans tant de diversité ? Dire que l'humanité réside dans l'intégration à une culture pose problème : ne risque-t-on pas de considérer que notre culture représente l'accomplissement de l'humanité et donc de faire preuve d'ethnocentrisme ? Car s'il est inscrit dans la nature humaine que l'humanité ne s'accomplit qu'au sein d'une culture, la tentation peut être forte de hiérarchiser ces cultures et de considérer certaines d'entre elles comme plus humaines, plus civilisées. En effet, notre culture nous imprègne et ce qui relève de la culture, du normal, nous semble bien vite être naturel : Aristote définit l'habitude comme une « seconde nature ». Mais confondre « habituel » et « naturel » revient à dévaloriser les modes de vie qui ne nous semblent pas normaux, donc pas naturels.

ethnocentrisme : tendance à penser que sa propre culture est supérieure aux autres.

Troisième sens (trompeur, et dénoncé ici) de « **naturel** » : ce qui est normal, habituel. Mais les normes sont issues de la culture, non de la nature.

« Quelle est donc cette nature sujette à être effacée ? La coutume est une seconde nature qui détruit la première. Mais qu'est-ce que nature ? Pourquoi la coutume n'est-elle pas naturelle ? J'ai grand peur que cette nature ne soit qu'une première coutume », écrivait Pascal. Dire que la culture est une seconde nature, c'est présupposer qu'elle se substitue à une éventuelle première nature que nous ne pouvons cerner. N'y a-t-il pas toujours en l'homme que des « coutumes », c'est-à-dire des cultures, l'une remplaçant l'autre au gré de l'histoire et de l'évolution des mœurs ? On devrait en conclure que la culture n'est pas une seconde nature, mais la nature première de l'homme, quelle que soit la forme particulière qu'elle prenne.

La **citation de Pascal** répond directement au sujet. Il faut l'expliquer pour montrer qu'on en maîtrise le sens.

Conclusion

S'il faut se garder de considérer telle ou telle culture comme l'accomplissement d'une nature humaine universelle, s'il faut distinguer norme et nature, il n'en reste pas moins que l'homme est par nature un être culturel par sa tendance à transformer son environnement et à se transformer lui-même. Mais comme cette transformation est toujours à réitérer, nous ne pouvons y voir une « nature » originelle : l'idée de nature étant posée par l'homme culturel, elle est impensable indépendamment de la culture.

- La conclusion résout le problème posé dans la troisième partie : si le propre de l'homme est bien d'être un être culturel, **on ne peut dire en revanche que telle culture particulière accomplit mieux qu'une autre la nature première de l'homme**.
- La dissertation s'achève par une réponse à la question initiale : **nature et culture sont indissociables en l'homme.**

SUJET 2

20 pts · 4 H

Le bonheur

EXPLICATION DE TEXTE *Lettre à Ménécée*, Épicure 26

Perspective La morale et la politique

Le devoir

DISSERTATION Pourquoi faire son devoir ? 30

Perspective La morale et la politique

› CORRIGÉS 34

Explication de texte

20 pts — 4 H → Corrigé p. 34

› **Expliquez le texte suivant.**

TEXTE ***Lettre à Ménécée*, Épicure**

C'est un grand bien à notre avis que de se suffire à soi-même, non qu'il faille toujours vivre de peu, mais afin que si l'abondance[1] nous manque, nous sachions nous contenter du peu que nous aurons, bien persuadés que ceux-là jouissent[2] le plus vivement de l'opulence[1] qui ont le moins besoin d'elle, et que tout ce qui est naturel est aisé à se procurer, tandis que ce qui ne répond pas à un désir naturel est malaisé à se procurer. En effet, des mets simples donnent un plaisir égal à celui d'un régime somptueux si toute la douleur causée par le besoin est supprimée, et, d'autre part, du pain d'orge et de l'eau procurent le plus vif plaisir à celui qui les porte à sa bouche après en avoir senti la privation. L'habitude d'une nourriture simple, et non pas celle d'une nourriture luxueuse, convient donc pour donner la pleine santé, pour laisser à l'homme toute liberté de se consacrer aux devoirs nécessaires de la vie, pour nous disposer à mieux goûter les repas luxueux, lorsque nous les faisons après des intervalles de vie frugale[3], enfin pour nous mettre en état de ne pas craindre la mauvaise fortune.

Quand donc nous disons que le plaisir est le but de la vie, nous ne parlons pas des plaisirs voluptueux[4] et inquiets, ni de ceux qui consistent dans les jouissances déréglées, ainsi que l'écrivent des gens qui ignorent notre doctrine, ou qui la combattent et la prennent dans un mauvais sens. Le plaisir dont nous parlons est celui qui consiste, pour le corps, à ne pas souffrir et, pour l'âme, à être sans trouble.

Épicure, *Lettre à Ménécée,* IVe siècle av. J.-C.

1. *Abondance, opulence* : fait d'avoir quelque chose en grande quantité.
2. *Jouir* : ressentir du plaisir, apprécier, profiter.
3. *Frugal* : simple, austère.
4. *Voluptueux* : qui recherche la jouissance, les satisfactions raffinées.

La connaissance de la doctrine de l'auteur n'est pas requise. Il faut et il suffit que l'explication rende compte, par la compréhension précise du texte, du problème dont il est question.

Analyser le texte

ÉTAPE 1 Lire le texte

- **Lisez plusieurs fois le texte de manière active :**
  – Surlignez les termes importants et les connecteurs logiques (« mais », « tandis que », « en effet »...).
  – Notez dans la marge ou sur un brouillon ce que vous comprenez au fur et à mesure de vos lectures.

ÉTAPE 2 Comprendre le texte

- **Analysez le texte, phrase par phrase.** N'hésitez pas à analyser des parties d'une phrase lorsque celle-ci est trop longue.
- **Reformulez les idées et conceptualisez les termes importants.**

› Exercice

Relevez les connecteurs logiques du texte, puis donnez leur fonction.

Connecteur logique	Fonction

Les conseils du prof !

- Relever et analyser les connecteurs logiques vous aidera à comprendre les **liens logiques** entre chaque mouvement du texte.
- Pour comprendre la **structure logique du texte** (son plan), il faut se demander :
  – **Ce que fait l'auteur** (pose-t-il une thèse, tire-t-il les conséquences de ce qu'il vient d'établir ?).
  – **Ce que dit l'auteur** (quel est le contenu, l'idée du propos ?).

Dégager les éléments essentiels du texte

ÉTAPE 1 **Repérer les idées importantes et la structure logique du texte**

- **Relevez les grandes idées du texte** et reformulez l'idée de chaque partie en une phrase.
- **Dégagez la structure logique du texte** en vous aidant des connecteurs logiques. Par exemple, « En effet » (l. 7) indique que ce qui suit va expliquer la thèse qui est formulée dans la première phrase.

ÉTAPE 2 **Repérer et formuler la thèse**

- **La thèse n'est pas toujours donnée** dans le texte. C'est parfois au candidat de la formuler.
- Pour trouver la thèse, **demandez-vous ce qu'affirme le texte dans son ensemble.** Si l'une des parties du texte ne peut être mise en lien avec la thèse telle que vous l'avez formulée, c'est que votre formulation est incomplète.
- **Ici, la thèse est la suivante :** savoir se contenter de peu et refuser les plaisirs déréglés est source de plaisir véritable, et donc de bonheur.

ÉTAPE 3 **Repérer et formuler le problème**

- **Trouvez le thème du texte.** Celui-ci porte sur le bonheur et ce qui permet d'y accéder.
- **Dégagez le problème abordé par le texte.** Celui-ci pose les questions suivantes :
  – Faut-il vivre au jour le jour en appréciant tous les plaisirs quels qu'ils soient, ou bien faut-il plutôt savoir se modérer et choisir les « bons » plaisirs ?
  – Quels sont les « bons » plaisirs ?
  – Le bonheur consiste-t-il dans le plaisir ?
- **Déterminez l'enjeu du texte.** Épicure livre ici une méthode pour atteindre le bonheur, l'enjeu est donc pratique.

› Exercice

Expliquez en détail la première phrase du texte, en prenant soin de définir les termes importants.

....

....

....

....

....

....

....

....

....

....

....

....

....

....

Les conseils du prof !

- Apportez une attention particulière aux termes suivants : « se suffire à soi-même », « vivre de peu », « abondance », « jouissent », « opulence », « naturel ».
- Les **notes de bas de page** sous le texte (voir p. 26) vous donnent quelques définitions qui peuvent vous aider, mais c'est à vous d'expliciter, de reformuler et d'analyser chaque terme.

Rédiger l'explication de texte

ÉTAPE 1 Rédiger l'introduction

- **Construisez l'accroche.** Ne commencez pas en citant le texte : vous devez d'abord amener le problème ou la thèse du texte par une accroche.
- **Énoncez le problème** auquel renvoie le texte. Celui-ci peut prendre la forme de plusieurs questions.
- **Formulez la thèse.** Si elle apparaît dans le texte, il faut la reformuler. Si elle n'y apparaît pas, c'est à vous de synthétiser l'idée principale.
- **Présentez le texte.** Précisez l'œuvre d'où il est extrait et donnez le nom de son auteur.
- **Dégagez la structure logique du texte.** Présentez succinctement chaque partie du texte.

ÉTAPE 2 Rédiger le développement

- **Suivez le plan du texte.** Votre explication doit être linéaire. Vous pouvez aussi procéder de manière thématique, en fonction des idées. Dans ce cas, faites attention à ne pas omettre une idée importante et à ne pas morceler le texte. Vous devez montrer son unité.
- **Voici le plan de ce texte :**

I. Il faut savoir se satisfaire de peu.
II. En effet, cela évite le manque et la peur de manquer.
III. Par conséquent, on a une mauvaise conception de l'épicurisme quand on y voit une recherche excessive de plaisirs déréglés, car ce qui permet d'atteindre le bonheur, c'est un équilibre de l'âme et du corps que procurent les plaisirs simples.

› Exercice

Rédigez l'introduction en suivant les étapes présentées ci-dessus.

....

....

....

....

....

....

....

....

....

....

....

....

....

....

Les conseils du prof !

- Pour rédiger l'accroche et amener le problème dont traite le texte, commentez l'utilisation du terme « **épicurien** » dans le langage courant.
- Dans le langage courant – qui va à l'encontre de la philosophie d'Épicure –, un épicurien est une personne qui cherche à jouir de tous les plaisirs, quels qu'ils soient, de manière excessive, sans limitation.

› Je rédige l'explication de texte

Imprimez votre copie pour rédiger

Dissertation 20 pts 4 H → Corrigé p. 36

› Pourquoi faire son devoir ?

Analyser le sujet

ÉTAPE 1 Comprendre le sujet

- **Définissez les termes du sujet** :
  - **« Pourquoi »** : cette interrogation peut être comprise en deux sens. Elle invite à rechercher soit les causes, soit les raisons. Les **causes** renvoient à l'origine, à ce qui a pu produire un effet. Par exemple, vous êtes en Terminale parce que l'année dernière vous étiez en Première. Les **raisons** renvoient au but poursuivi. Par exemple, vous êtes en Terminale pour avoir votre baccalauréat.
  - **« Faire son devoir »** peut être compris d'un point de vue juridique (obéir aux lois) ou d'un point de vue moral (faire le bien).
- **Clarifiez le sujet.** Le sujet interroge soit les causes soit les raisons qui amènent à obéir aux lois ou à faire le bien.

ÉTAPE 2 Problématiser le sujet

- **Dégagez les questions** que soulève le sujet :
  - Qu'est-ce qui nous pousse à obéir aux lois juridiques et morales ?
  - Que recherchons-nous en agissant moralement et légalement ?
- **Reformulez la problématique** :
  - Fait-on son devoir par nécessité ou décide-t-on de le faire ? Dans ce cas, pour quelle raison ?
  - Que nous apporte le fait de faire notre devoir ? Faut-il que cela nous apporte quelque chose ?

ÉTAPE 3 Développer la réflexion sur le sujet

- **Identifiez les thèses** qui permettent de répondre aux questions dégagées lors de l'analyse. Qu'impliquent-elles ?
- **Trouvez des arguments** pour étayer chaque thèse.

› Exercice

Complétez le tableau suivant en inscrivant pour chaque question les thèses qui y répondent, puis ce que ces thèses présupposent.

Question	Thèse	Ce que présuppose la thèse
Fait-on son devoir par nécessité ou décide-t-on de le faire ?	• On fait son devoir par nécessité. • ………………	• Si on fait son devoir par nécessité, c'est que quelque chose nous pousse à le faire. • ………………

Les conseils du prof !

- Vous devez connaître les **repères** au programme. Ceux-ci vous aideront à construire votre dissertation.
- Pour nourrir votre réflexion sur la notion de devoir, révisez les repères **obligation / contrainte**.

Qu'est-ce qui pourrait nous forcer à faire notre devoir ?	• On fait son devoir parce qu'on a peur de la punition. …………… …………… • …………… …………… …………… • …………… …………… ……………	• …………… …………… …………… • …………… …………… …………… • …………… …………… ……………
Que nous apporte le fait de faire notre devoir ?	• …………… …………… …………… • …………… …………… …………… • …………… …………… ……………	• …………… …………… …………… • …………… …………… …………… • …………… …………… ……………
Faut-il réellement que cela nous apporte quelque chose ?	• …………… …………… …………… • …………… …………… ……………	• …………… …………… …………… • …………… …………… ……………

- Pour identifier les différentes thèses, **repérez et définissez les termes problématiques**. Attention, un même mot peut parfois renvoyer à plusieurs concepts et donc induire plusieurs thèses.
- Interrogez toujours les **conséquences** et les **présupposés** de vos affirmations : qu'est-ce que cela suppose ? Qu'est-ce que cela implique ?

Approfondir la réflexion sur le sujet

ÉTAPE 1 Identifier les notions en jeu

- Le **devoir** est la notion centrale.
  – Il est d'abord **juridique**, imposé par les lois positives (instituées, propres à un État). Ici, on peut faire le lien avec la **politique** et la **justice**.
  – Mais il est aussi **moral**. En ce sens, on peut le comprendre comme relatif à une communauté ou comme universel.
- La **liberté** entre en jeu : est-on libre ou pas de faire son devoir ?
- Le **bonheur** peut être convoqué si l'on se rappelle que pour Aristote, faire son devoir est source de bonheur.

ÉTAPE 2 Mobiliser son cours

- **Listez les auteurs** que vous pouvez convoquer pour répondre à ce sujet :
  – **Hobbes** : « L'homme est un loup pour l'homme » *(Léviathan)*.
  – **Rousseau** : il faut distinguer la force (de l'ordre du fait) et le droit (en lien avec le devoir). Cela permet de distinguer contrainte et devoir.
  – **Kant** : il faut distinguer « agir conformément au devoir » (l'action est morale, mais peut viser un intérêt) et « agir par devoir » (l'action, purement morale, est faite par bonne volonté).

› Exercice

Rédigez une accroche qui amène le sujet.

....

....

....

....

....

....

....

....

....

....

....

....

....

....

....

....

....

....

Les conseils du prof !

- Ne commencez pas votre dissertation en posant directement la question.
- Soignez bien votre accroche. C'est la **première impression** que le correcteur a de votre travail, elle doit donner envie de lire votre copie.

Élaborer un plan

ÉTAPE 1 Construire le plan au brouillon

- **Chaque partie doit défendre une idée**, une thèse qui répond à la question. On formule cette idée par une phrase, et non par un groupe de mots.
- **Listez et ordonnez vos arguments** en faveur de chaque thèse, du plus évident au plus complexe.

ÉTAPE 2 Rédiger les transitions

- **Les transitions assurent le passage d'une partie à la suivante.** Elles vous permettent de vérifier que votre analyse est bien progressive et donc que votre plan est correct.
- Une transition **rappelle** d'abord l'idée qui vient d'être établie, puis **justifie** le passage à l'idée suivante.

› Exercice

Complétez le plan suivant en donnant pour chaque partie trois arguments et pour chaque argument un exemple.

I. Si l'homme fait son devoir, c'est d'abord par intérêt.

A) Parce que s'il ne le fait pas, il risque d'être exclu de la société.

Exemple : ....

B) ....

Exemple : ....

C) ....

Exemple : ....

II. L'homme fait son devoir en vue du bonheur.

A) ....

Exemple : ....

B) ....

Exemple : ....

C) ....

Exemple : ....

III. Le devoir doit être respecté pour lui-même.

A) ....

Exemple : ....

B) ....

Exemple : ....

C) ....

Exemple : ....

Les conseils du prof !

- Faites des phrases pour bien clarifier chaque idée, mais ne rédigez pas tout au brouillon.
- Insérez des **références** dans votre réflexion, en faisant toujours le lien avec le sujet.
- Demandez-vous, pour chaque idée : que peut-on en déduire par rapport au sujet ?

› Je rédige la dissertation

Imprimez votre copie pour rédiger

Dans un souci de clarté, le plan des corrigés est explicité par des titres.
Cependant, la copie que vous rédigerez le jour de l'épreuve ne doit en comporter aucun.

Explication de texte

→ p. 26

Exercice 1 : Relever les connecteurs logiques

Connecteur logique	Fonction
« non que » (l. 2)	Introduit une nuance : se suffire à soi-même ne signifie pas non plus se priver constamment de tout plaisir superflu.
« mais afin que » (l. 2)	Annonce le but : Épicure va préciser pourquoi il faut savoir se suffire à soi-même.
« et » (l. 5)	Montre que le raisonnement repose sur deux principes.
« tandis que » (l. 6)	Signale une opposition entre deux sortes de désirs.
« En effet » (l. 7)	Introduit une justification de l'idée qui vient d'être affirmée.
« si » (l. 9)	Exprime une condition.
« et, d'autre part » (l. 9-10)	Introduit une seconde justification.
« et non pas » (l. 12)	Oppose deux sortes de nourritures.
« donc » (l. 13 et 18)	Introduit une conséquence.
« pour » (l. 13, 15 et 16)	Précise les bienfaits de l'habitude d'une nourriture simple.
« ou » (l. 21)	Signale qu'il existe deux raisons à la déformation de l'épicurisme : soit l'ignorance, soit la volonté de le décrédibiliser.
« et » (l. 21 et 23)	Amène une seconde caractéristique des opposants ou du plaisir.

Exercice 2 : Expliquer la première phrase du texte

« C'est un grand bien [...] que de se suffire à soi-même » (l. 1), écrit Épicure, mettant en évidence l'idéal d'indépendance du sage. Pour atteindre le bonheur, il faut savoir se contenter de ce qu'on a, satisfaire par soi-même ses besoins, et donc « vivre de peu ». Épicure ne prône pas pour autant une vie de pauvreté et de privation : il ne faut pas « toujours vivre de peu ». Pourquoi est-il important de savoir se suffire à soi-même ? D'abord parce que si « l'abondance nous manque » (l. 2-3), c'est-à-dire si nous n'avons que peu de biens, l'habitude de se suffire à soi-même nous permet de ne pas ressentir la privation du luxe. Ensuite parce que « ceux-là jouissent le plus vivement de l'opulence qui ont le moins besoin d'elle » (l. 4-5) : lorsque nous avons plus que ce dont nous avons besoin constamment, nous nous y habituons et ne l'apprécions plus à sa juste valeur, alors que quand nous sommes habitués à avoir peu, nous apprécions d'autant plus les plaisirs plus difficiles à obtenir. Il est facile de se contenter de peu, puisque « tout ce qui est naturel est aisé à se procurer » (l. 5-6). Les désirs naturels correspondent à la nature de l'homme, leur satisfaction procure des plaisirs simples. En revanche, les désirs vains, non naturels, ne sont jamais totalement satisfaits. Il ne faut donc pas, si l'on veut atteindre le bonheur, en vouloir toujours plus, mais savoir se contenter de peu et satisfaire par soi-même ses propres désirs, ce qui n'est possible que si l'on s'en tient aux désirs naturels.

Je comprends les corrigés

Précisez entre parenthèses les **lignes** où sont situés les passages ou termes que vous citez.

se suffire à soi-même : être indépendant.

vivre de peu : se contenter de ce qu'on a, ne pas avoir toujours besoin de plus.

abondance : avoir plus que ce dont on a besoin.

jouir : ressentir du plaisir, apprécier, profiter.

Exercice 3 : Rédiger l'introduction

Ceux qu'on qualifie d'épicuriens, dans le langage courant, sont des hommes recherchant la jouissance à tout prix, quels qu'en soient les conséquences ou les moyens. Ainsi, le terme « épicurien » désigne un débauché, un être immoral ne visant qu'à jouir des plaisirs les plus bas, des plaisirs des sens. Mais Épicure prône-t-il une vie déréglée ? Que faut-il faire pour être heureux ? Faut-il chercher tout plaisir ou savoir se tempérer ? Dans cet extrait de la *Lettre à Ménécée,* Épicure montre qu'on se méprend sur sa philosophie et qu'au contraire, le vrai plaisir suppose de savoir se contenter de peu et de se modérer, ce que fait le sage qui ne cherche qu'à satisfaire ses désirs simples, ceux qu'il peut satisfaire de lui-même. Ainsi, celui qui sait se suffire à lui-même peut être heureux (l. 1 à 7). En effet, il sait jouir des plaisirs simples, esquive l'excès qui nuit à la santé et évite la douleur du manque qui nuit au bien-être du corps et la peur du manque qui nuit au bien-être de l'âme (l. 7 à 17). Par conséquent, on comprend mal l'hédonisme épicurien quand on y voit une recherche effrénée de tout plaisir : le véritable plaisir n'est pas issu de l'excès, mais consiste dans l'équilibre de l'âme et du corps, dans l'absence de troubles qui nécessite la réflexion sur les désirs (l. 18 à la fin).

Accroche : on part ici du sens d'un terme dans le langage courant.

Problème auquel renvoie le texte : par quel moyen peut-on atteindre le bonheur ?

Présentation du texte : pensez à indiquer l'œuvre et l'auteur.

Thèse : elle est à reformuler, même quand elle est donnée par une phrase du texte.

- Présentation de l'idée de la **première partie** du texte, puis de la **deuxième partie**, et enfin de la **troisième partie**.
- Précisez entre parenthèses les **lignes qui délimitent chaque partie.**
- Utilisez des **connecteurs logiques** pour mettre en évidence les liens entre les idées.

Plan détaillé

I. Le sage doit être indépendant et savoir satisfaire ses désirs en les limitant.

A) Ce que signifie « se suffire à soi-même ».

B) Pourquoi il faut savoir se contenter de peu.

C) La distinction des plaisirs naturels et des plaisirs non naturels.

II. En effet, l'habitude des plaisirs simples possède de nombreuses vertus.

A) Elle évite la douleur et la peur du manque.

B) Elle nous amène à d'autant plus apprécier les plaisirs rares.

C) Elle évite l'excès et permet de conserver la santé.

D) Elle laisse le temps de vaquer à des occupations plus épanouissantes.

III. Par conséquent, il faut comprendre que le plaisir ne naît pas d'une vie déréglée.

A) Le plaisir est le but de la vie, c'est en lui que consiste le bonheur.

B) Mais le plaisir véritable ne naît pas des plaisirs luxueux ou déraisonnables, il consiste dans un état d'équilibre : l'ataraxie et l'aponie.

- **ataraxie** : absence de troubles de l'âme.
- **aponie** : absence de douleurs du corps.

Dissertation → p. 30

Corrigé rédigé

Introduction

Enfants, nous sommes soumis à l'autorité de nos parents et devons respecter les règles de vie imposées par ceux-ci. L'enfant a des droits, mais aussi des devoirs. Ces derniers peuvent être négatifs : ce sont les interdictions. Ils peuvent également être positifs : ce sont les obligations. L'adulte s'affranchit de certains de ces devoirs, mais en acquiert d'autres. On peut se demander ce qui le pousse à faire son devoir, puisque ce n'est plus la peur de la punition parentale. En effet, faire son devoir n'est pas toujours agréable. On pourrait alors préférer agir égoïstement, sans se soucier de la conformité de nos actions au bien. Pourquoi, donc, faire son devoir ? A-t-on un intérêt à respecter des règles d'action nous prescrivant ce qui doit être ? Ou bien est-ce dans notre nature propre que d'être moral ? Être moral, n'est-ce pas justement refuser tout intérêt ?

> Le terme principal du sujet, le devoir, est rapidement amené et défini par l'**accroche**.

> Le **sujet** est posé tel qu'il est donné.

> La **problématisation** du sujet donne le plan de la dissertation.

I. Si l'homme fait son devoir, c'est d'abord par intérêt

Faire son devoir, c'est agir conformément à ce qui devrait être, conformément au bien. Puisqu'il n'est pas évident de savoir ce qui est bien, la société se charge d'établir des devoirs civiques et juridiques que tous les citoyens se doivent de respecter pour coexister. Tel est le premier aspect du devoir : avant de s'imposer comme une obligation morale de la conscience, il s'impose du dehors. À l'école, l'enfant possède des devoirs envers ses maîtres et camarades, devoirs que définit le règlement de l'établissement scolaire. Pourquoi respecte-t-il ces contraintes ? Si nous respectons les devoirs imposés par la société, c'est d'abord parce que nous ne voulons pas être exclus de celle-ci. Mais pourquoi se soumettre à la société ?

> Déterminez rapidement le **sens des termes importants du sujet** et partez de ce sens pour développer votre analyse.
> Ne définissez pas simplement pour définir, mais pour amener ou approfondir votre réflexion.

> Il faut savoir **interroger ses idées** pour approfondir l'analyse.

Peut-être est-ce parce que cela nous est plus avantageux qu'une vie asociale, sans règles. Comme le dit Hobbes, si « l'homme est un loup pour l'homme » à l'état de nature, c'est la loi du plus fort qui règne : chacun se trouve dans un état d'insécurité permanent. C'est d'abord par besoin de sécurité, et donc par intérêt personnel, qu'on entre en société et qu'on accepte de se plier à certaines règles. Si j'accepte de ne pas avoir le droit de voler autrui, c'est parce que cela m'assure contre le vol dont je pourrais être victime.

> **asociale** : ici, en dehors de toute société.

> **état de nature** : état de l'homme avant l 'instauration des lois et de l'État.

Ces devoirs sont d'ordre juridique : ils sont définis par les lois positives. Mais il est une autre sorte de devoirs : les devoirs d'ordre moral. Or, ainsi que le fait remarquer Bergson dans *Les Deux Sources de la morale et de la religion,* la morale est d'abord sociale et le devoir relève d'une obligation qui s'impose à tout membre d'une communauté. En effet, il provient d'une pression sociale à laquelle nous ne pouvons que difficilement échapper. Si des devoirs sont définis par la société, c'est parce que celle-ci cherche à maintenir son ordre. Par exemple, Bergson explique qu'au travers du maître d'école, c'est toute la société qui dit « tu dois » et qui exerce sur l'élève une pression telle qu'il ne peut que se soumettre au devoir. Ce qui pousse l'homme à faire son devoir, ce n'est pas seulement la peur de la punition ou la recherche de sa propre sécurité, mais c'est

> **lois positives** : lois instituées, établies par les hommes, par opposition aux lois naturelles.

> Après avoir analysé le devoir dans son aspect **juridique**, il faut interroger le devoir d'un point de vue **moral**.

> Le correcteur appréciera que vous citiez les **exemples utilisés par les auteurs** pour illustrer leur thèse.

aussi, de manière plus générale, la pression qu'exerce la société sur le sujet pour maintenir son ordre. Le devoir apparaît alors comme une nécessité puisque, bien qu'on sache qu'il est possible d'y déroger, l'habitude nous fait obéir sans qu'on en ait vraiment conscience.

L'homme fait donc son devoir par intérêt, mais également par habitude. Cependant, l'homme qui n'obéit que par intérêt ou habitude n'est pas véritablement moral. Faire son devoir, n'est-ce pas d'abord agir en vue du bien, et donc sans y être contraint ?

- Dans la transition, **rappelez d'abord l'idée de la partie précédente**.
- Ensuite, **justifiez le passage à la partie suivante**.

II. L'homme fait son devoir en vue du bonheur

Faire son devoir, c'est accomplir ce qu'on pourrait refuser d'accomplir. Le devoir se distingue de la contrainte en ce qu'il dépend d'une libre volonté du sujet, d'une décision délibérée de sa part. Rousseau écrit dans le *Contrat social* que la force ne fait pas droit et qu'être contraint à agir, ce n'est pas la même chose que de s'y obliger soi-même. Bien que cette analyse vaille d'abord sur le plan politique, nous pouvons la comprendre d'un point de vue moral. Si le devoir est conçu pour lui-même, il doit être distinct de la contrainte. Certes, le devoir doit d'abord prendre la forme de la contrainte pour que l'enfant puisse s'éveiller à la conscience du devoir-être, mais il ne prend son sens véritable que lorsqu'il fait l'objet d'une intention délibérée. Faire son devoir, c'est donc décider librement de faire le bien. Mais pourquoi l'homme décide-t-il de faire le bien ?

Les repères distinguent la **contrainte**, qui s'impose sans nous laisser le choix, et l'**obligation**, qui suppose la volonté et la liberté du sujet.

La distinction entre **devoir** et **contrainte** permet de faire surgir une nouvelle caractéristique du devoir : il suppose la **liberté**.

Tout homme recherche le bonheur qui, ainsi que le montre Aristote dans l'*Éthique à Nicomaque*, réside dans l'accomplissement de la nature humaine. Or, l'homme actualise son humanité en menant une vie conforme à la raison. La raison définit les devoirs que tout homme vertueux se doit d'accomplir. Faire son devoir est donc une condition nécessaire pour être heureux. L'homme qui fait son devoir va au-delà de la pression sociale : il agit de lui-même en vue de l'accomplissement de son humanité, et donc de son bonheur.

Même si le sujet ne porte pas sur le **bonheur**, n'hésitez pas à introduire ce concept pour vous interroger sur les raisons qui poussent l'homme à faire son devoir.

actualiser : rendre effectif, réel.

On ferait donc son devoir en vue du bonheur. Mais dans la mesure où l'on y trouve un intérêt, est-ce bien son devoir que l'on fait ?

Les **transitions** assurent le passage entre les parties.

III. Le devoir doit être respecté pour lui-même

Être satisfait, c'est combler tout manque, et les manques sont divers d'un individu à l'autre. Si l'on peut définir un état d'harmonie de l'homme avec lui-même comme accomplissement de la nature humaine, tout être humain est un individu soumis à des désirs dont le bonheur consiste aussi dans la satisfaction de ce que demande son individualité. Le devoir n'est donc pas nécessairement accompli en vue du bonheur, et ce d'autant plus qu'il arrive parfois que l'action vertueuse rende malheureux, qu'elle entre en conflit avec l'état de plénitude que recherche tout homme.

L'argumentation repose sur la définition des termes utilisés, comme ici la **satisfaction**.

L'**objection à la thèse d'Aristote** permet d'approfondir l'analyse.

En effet, agir par devoir, ce n'est pas agir par intérêt. On ne dira pas de l'homme recherchant la gloire par ses actions conformes au devoir qu'il est véritablement vertueux. Car la vertu réside dans le fait que l'action est accomplie par simple bonne volonté, pour elle-même et non pour la satisfaction qu'on en retire. Dans les *Fondements de la métaphysique des*

La distinction entre **agir par devoir** et **agir par intérêt** permet de préciser le concept de devoir et donc de répondre plus précisément à la question posée. Elle renvoie à la distinction que fait Kant entre « agir par devoir » et « agir conformément au devoir ».

mœurs, Kant écrit : « Une action faite par devoir tire sa valeur morale non du but qu'elle doit atteindre, mais de la maxime d'après laquelle elle est décidée : elle [...] dépend [...] simplement du principe de la volonté. » Ce qui fait la valeur morale d'une action, c'est la bonne volonté qui est à son origine, et non les résultats qu'elle produit. Ainsi, agir par devoir, c'est agir sans considération du résultat ou de l'intérêt qu'on peut en retirer, mais seulement par pur respect pour le devoir lui-même. Or, celui-ci s'exprime par le biais de l'impératif catégorique : si l'homme fait son devoir, ce doit être simplement pour faire son devoir et non pour un autre motif, sans quoi le devoir ne serait plus un devoir mais un impératif hypothétique, c'est-à-dire une maxime décidée en fonction du but recherché.

> Pour Kant, l'**impératif catégorique** prescrit universellement de manière inconditionnée (« tu dois »), alors que l'**impératif hypothétique** prescrit en vue d'une fin (« si tu veux... tu dois »). Seul l'impératif catégorique correspond au devoir moral.

Conclusion

Recherchant pourquoi l'homme fait son devoir, nous avons tout d'abord interrogé les motifs et mobiles possibles de l'action vertueuse et remarqué que ce qui pousse l'homme à respecter ses devoirs, c'est la peur du rejet social et la recherche de l'intérêt individuel. Cependant, le devoir se doit d'être universel et de dépasser les variations dues aux diverses sociétés et communautés. Faire son devoir, c'est prendre conscience de la valeur du bien et agir en vue de ce bien. Si le bien est défini par la raison, alors l'homme, en agissant conformément à sa raison et donc au devoir, accomplit son humanité et accède par là au bonheur, compris comme accomplissement de sa nature humaine. Mais on y trouve ici un avantage, si bien que ce que l'on pensait relever du devoir ne relève encore que d'un intérêt qui, même s'il est collectif, ne semble pas pouvoir définir le devoir. En effet, le devoir ne doit être accompli que pour lui-même, sans quoi il perd son caractère purement moral. En ce sens, l'homme n'accomplit son devoir que par devoir, et pour rien d'autre : autrement, ce ne serait pas à un devoir que nous aurions à faire.

> - La conclusion rappelle les **grandes idées du développement** et précise clairement la **réponse apportée à la question**.
> - Il n'est pas nécessaire d'amener une question d'ouverture.

SUJET 3

20 pts

4 H

La conscience

EXPLICATION DE TEXTE *Matière et mémoire*, Henri Bergson 40

Perspective L'existence humaine et la culture

L'inconscient

DISSERTATION La notion d'inconscient psychique est-elle contradictoire ? 44

Perspective La connaissance

› CORRIGÉS 47

Explication de texte

20 pts — 4 H — → Corrigé p. 47

› Expliquez le texte suivant.

TEXTE ***Matière et mémoire*, Henri Bergson**

Qu'arrive-t-il quand une de nos actions cesse d'être spontanée pour devenir automatique ? La conscience s'en retire. Dans l'apprentissage d'un exercice, par exemple, nous commençons par être conscients de chacun des mouvements que nous exécutons, parce qu'il vient de nous, parce qu'il résulte d'une décision et implique un choix ; puis, à mesure que ces mouvements s'enchaînent davantage entre eux et se déterminent plus mécaniquement les uns et les autres, nous dispensant ainsi de nous décider et de choisir, la conscience que nous en avons diminue et disparaît. Quels sont, d'autre part, les moments où notre conscience atteint le plus de vivacité ? Ne sont-ce pas les moments de crise intérieure, où nous hésitons entre deux ou plusieurs partis à prendre, où nous sentons que notre avenir sera ce que nous l'aurons fait ? Les variations d'intensité de notre conscience semblent donc bien correspondre à la somme plus ou moins considérable de choix ou, si vous voulez, de création, que nous distribuons sur notre conduite. Tout porte à croire qu'il en est ainsi de la conscience en général. Si conscience signifie mémoire et anticipation, c'est que conscience est synonyme de choix.

Henri Bergson, *Matière et mémoire,* 1896.

La connaissance de la doctrine de l'auteur n'est pas requise. Il faut et il suffit que l'explication rende compte, par la compréhension précise du texte, du problème dont il est question.

Analyser le texte

ÉTAPE 1 Lire le texte

- **Lisez plusieurs fois le texte de manière active :**
  - Surlignez les termes importants et les connecteurs logiques.
  - Soyez attentif à la forme du texte : les questions aux lignes 1-2 et 9-11 sont importantes, elles permettent **de distinguer deux mouvements** dans le texte.

ÉTAPE 2 Comprendre le texte

- **Identifiez les notions en jeu :**
  - Le texte porte sur la **conscience** et ses degrés : « La conscience s'en retire », elle « diminue et disparaît », puis elle « atteint le plus de vivacité ». Il s'agit d'analyser ses « variations d'intensité ».
  - Deux autres notions sont implicitement convoquées dans le texte : la **liberté** et le **temps**.

› Exercice

Analysez les termes importants du texte en répondant aux questions suivantes.

1) Qu'est-ce qu'une action « spontanée » (l. 1) et une action « automatique » (l. 2) ?

Les conseils du prof !

Le terme « **spontané** » peut avoir plusieurs sens. Dans le texte, il est opposé à « automatique ». Il ne peut donc avoir le même sens que dans l'expression « combustion spontanée » où il signifie « immédiate ». En revanche, dans l'expression « aveux spontanés », le terme a un sens proche de celui qu'il a dans le texte.

2) Que signifie le terme « conscients » (l. 4) dans le texte ? Que suppose un acte conscient ? Que doit-on en conclure sur ce qui caractérise la conscience ?

3) Que signifie le terme « mécaniquement » (l. 7) ? Par suite, qu'exclut un acte mécanique ?

4) Qu'est-ce qui caractérise les « moments de crise intérieure » (l. 11) ? Quel exemple pourrait-on donner ?

5) Que signifie le terme « création » (l. 16) dans le texte ?

Pour définir le terme « **création** », pensez à la différence entre création et production.

6) Pourquoi la conscience signifie-t-elle « mémoire et anticipation » (l. 18) ?

Pour répondre à cette question, analysez le sens des termes « **mémoire** » et « **anticipation** » dans le texte.

Dégager les éléments essentiels du texte

ÉTAPE 1 Repérer les idées importantes et la structure logique du texte

- **Relevez les grandes idées du texte** et reformulez l'idée de chaque partie en une phrase.
- **Dégagez le raisonnement du texte :**

– Bergson assimile conscience et choix.
– Or, le choix suppose la liberté.
– Le texte fait donc le lien entre conscience et liberté.

- **Voici le plan de ce texte :**

I. La conscience disparaît dans l'acte automatique.
II. En revanche, elle est plus intensive lors de choix existentiels.
III. Par conséquent, la conscience est synonyme de choix et fait le pont entre le passé et l'avenir.

ÉTAPE 2 Repérer et formuler la thèse

- **La thèse est explicitement donnée** dans la dernière phrase, mais il faut la reformuler pour la clarifier.
- **Ici, la thèse est la suivante :** la conscience est synonyme de choix, elle est d'autant plus présente que le choix est important et détermine notre avenir. Elle manifeste de ce fait notre liberté.

ÉTAPE 3 Repérer et formuler le problème

- **Dégagez le problème abordé.** Il porte sur le fait que, par la conscience, nous nous déterminons par nous-mêmes. Mais est-ce toujours le cas ?
- **Déterminez l'enjeu du texte.** Si notre avenir « sera ce que nous l'aurons fait », nous avons une entière responsabilité vis-à-vis de notre existence.

› Exercice

Montrez ce qui, mis à part nous-mêmes, pourrait déterminer nos actes et nos choix.

....
....
....
....
....
....
....
....
....
....
....
....
....
....
....

Les conseils du prof !

Ce qui nous détermine est ce qui nous influence, ce qui cause nos actes sans que nous en ayons forcément conscience.
On parle alors de **déterminismes** qui pèsent sur l'homme.

Rédiger l'explication de texte

ÉTAPE 1 **Rédiger l'introduction**

- **L'introduction doit être rédigée au brouillon.** Elle annonce le développement. Vous ne devez donc la rédiger qu'une fois le plan de votre devoir déterminé.
- **Construisez l'accroche** en partant d'expressions courantes qui comportent le terme « conscience ». En les analysant, vous pourrez amener l'idée selon laquelle la conscience est liée au choix.
- **Amenez la structure logique du texte** et **montrez à quel problème philosophique** il renvoie.

ÉTAPE 2 **Rédiger le développement**

- **Suivez le plan du texte.** La première partie de votre devoir expliquera la première partie du texte, etc.
- Dans chaque partie, **faites des paragraphes** qui mettent en évidence les différentes étapes de l'analyse.
- **Ménagez des transitions** séparées des parties. Elles sont nécessaires pour montrer comment les idées s'enchaînent entre elles.

› Exercice

Rédigez un paragraphe expliquant ce qu'est une action spontanée.

....

....

....

....

....

....

....

....

....

....

....

....

....

....

....

....

....

Les conseils du prof !

Vous devez montrer que dans une action spontanée, la conscience est présente en expliquant son rôle.

› Je rédige l'explication de texte

Imprimez votre copie pour rédiger

Dissertation **20 pts** 4 H → Corrigé p. 50

› La notion d'inconscient psychique est-elle contradictoire ?

Analyser le sujet

ÉTAPE 1 Comprendre le sujet

- **Les erreurs à éviter :**
  - **Ne vous précipitez pas.** Ce sujet est difficile, technique, et demande une analyse minutieuse.
  - **Ne réduisez pas la copie à une récitation de votre cours** sur la psychanalyse.
- **Définissez les termes du sujet** :
  - **« Notion d'inconscient psychique »** : c'est le concept d'*inconscient psychique* qui est interrogé, et non seulement l'inconscient.
  - **« Inconscient »** peut avoir plusieurs sens : aidez-vous des usages de ce terme dans le langage courant pour les mettre à jour.
  - **« Psychique »** renvoie à ce qui est de l'ordre de la pensée, de l'esprit.
  - **« Contradictoire »** est un terme qu'il convient de prendre en compte pour bien cerner le sujet.

ÉTAPE 2 Problématiser le sujet

- **Dégagez les questions** que soulève le sujet :
  - Pourquoi serait-il contradictoire de parler d'inconscient psychique ?
  - Si l'inconscient n'est pas psychique, de quel ordre peut-il être ?
- **Reformulez la problématique :**
  - Y a-t-il contradiction entre « inconscient » et « psychique » ?
  - Parler d'inconscient psychique est-il légitime ou au contraire incohérent ?

ÉTAPE 3 Développer la réflexion sur le sujet

- **Identifiez les thèses** qui permettent de répondre aux questions dégagées.
- **Trouvez des arguments et des exemples** pour étayer chaque thèse.

› Exercices

1) Répondez aux questions suivantes pour bien comprendre le sens du sujet.

a. Qu'est-ce qu'une « notion contradictoire » ?

....

....

b. Par conséquent, que veut-on dire si l'on considère que la notion d'inconscient psychique est contradictoire ?

....

....

c. Si le psychique s'oppose au physique, que présuppose l'idée d'inconscient non psychique ?

....

....

Les conseils du prof !

« J'ai un frère » et « Je n'ai pas de frère » sont deux **propositions contradictoires** parce que l'une exclut l'autre. Si la première est vraie, la seconde est fausse, et inversement.

Vous poser des questions vous aidera à enrichir votre réflexion sur le sujet.

2) Reliez les expressions suivantes au sens du terme « inconscient » auquel elles font référence.

« C'est un inconscient, il a traversé l'autoroute à pied. » •

« Elle s'est évanouie et est inconsciente. » •

« Freud a découvert l'inconscient. » •

« Certains phénomènes physiologiques, comme la dilatation des pupilles, sont inconscients. » •

• Partie dynamique de notre esprit à laquelle nous n'avons pas directement accès, qui influence nos pensées et comportements.

• Caractéristique de celui qui ne mesure pas les conséquences de ses actes.

• Absence de conscience, non saisie de sa propre existence et de celle du monde.

• Ce dont on n'a pas conscience, ce dont on ne se rend pas compte.

Pour bien conceptualiser un terme et saisir ses divers sens, n'hésitez pas à recourir à l'analyse de ses usages dans le langage courant.

3) À partir de l'exercice précédent, dégagez les trois sens possibles du terme « inconscient », puis précisez pour chaque sens si l'inconscient est psychique ou non.

....

....

....

....

....

....

....

....

....

....

....

....

....

....

....

....

- Le terme « **inconscient** » ne se limite pas au sens que lui a donné Freud. Cet exercice vous aidera à en dégager les autres sens.
- Le terme « **psychique** » renvoie à ce qui passe par la pensée.

Approfondir la réflexion sur le sujet

ÉTAPE 1 Interroger les notions en jeu

- **Montrez que la réponse à la question n'est pas évidente** et que plusieurs réponses peuvent être données :
  - Si ce qui est inconscient est de l'ordre du non conscient et donc du non pensé, **« psychique » et « inconscient » semblent s'exclure** : soit il y a pensée et ce n'est pas inconscient, soit c'est inconscient parce que non pensé.
  - Mais Freud affirme l'existence de pensées non conscientes. En ce sens, **la notion d'inconscient psychique s'avère fructueuse et légitime**.

ÉTAPE 2 Mobiliser son cours

- **Listez les auteurs** que vous pouvez convoquer pour répondre à ce sujet :
  - **Descartes :** il n'y a pas de pensée sans conscience de soi. Si la pensée s'apparente au psychique, l'inconscient ne peut être psychique.
  - **Leibniz :** il existe en nous des « petites perceptions » dont nous n'avons pas conscience indépendamment les unes des autres, mais qui sont pourtant constitutives de nos perceptions conscientes. Il y aurait donc de l'inconscient à l'origine du conscient.

› Exercice

Analysez les citations suivantes et montrez quelle thèse elles permettent de soutenir.

– **Descartes :** « Par le mot de penser, j'entends tout ce qui se fait en nous de telle sorte que nous l'apercevons immédiatement par nous-mêmes. »

....

....

– **Leibniz :** « Il y a à tout moment une infinité de perceptions en nous, mais sans aperception et sans réflexion, c'est-à-dire des changements dans l'âme dont nous ne nous apercevons pas. »

....

....

– **Freud :** « L'hypothèse de l'inconscient est *nécessaire* et *légitime*, et [...] nous possédons de multiples preuves de l'existence de l'inconscient. »

....

....

– **Weil :** « Il n'y aurait pas refoulement s'il n'y avait pas conscience. Le refoulement est une mauvaise conscience, [...] une capacité d'être hypocrite avec soi-même. »

....

....

Les conseils du prof !

L'**aperception** est une perception consciente du point de vue de la conscience réfléchie. Non seulement nous percevons, mais nous savons que nous percevons. Inversement, les « petites perceptions » ne sont pas saisies pour elles-mêmes par le sujet.

Pour Freud, l'inconscient est une partie active de notre esprit inaccessible à la conscience.

Le **refoulement** est, selon Freud, le mécanisme inconscient par lequel un désir ou un souvenir est mis hors du champ de la conscience. C'est ce que nous ne pouvons et ne voulons pas nous avouer à nous-mêmes.

› Je rédige la dissertation

Imprimez votre copie pour rédiger

Dans un souci de clarté, le plan des corrigés est explicité par des titres.
Cependant, la copie que vous rédigerez le jour de l'épreuve ne doit en comporter aucun.

Explication de texte → p. 40

Je comprends les corrigés

Corrigé rédigé

Introduction

« Prendre conscience de quelque chose », c'est apporter à cette chose une attention particulière. Notre conscience se révèle active dès lors qu'apparaît une difficulté nécessitant un « examen de conscience ». Celui-ci nous permet de choisir entre deux partis. Peut-on en déduire que « conscience est synonyme de choix » (l. 18-19) ? Telle est la thèse de Bergson dans *Matière et mémoire*, thèse qui l'amène à distinguer plusieurs degrés de conscience : si conscience signifie choix, elle est alors plus ou moins active suivant l'importance des choix que nous avons à effectuer. Reste que déterminer la conscience comme faculté de choisir, c'est la considérer comme source de liberté. Choisir, c'est en effet se déterminer librement pour une chose plutôt que pour une autre. Pour affirmer cette liberté, l'auteur décrit le passage de l'acte conscient à l'acte automatique, duquel la conscience se retire, afin de montrer que l'activité de la conscience diminue à mesure que l'acte devient mieux connu (l. 1 à 9). Mais la conscience peut aussi s'intensifier, et c'est à l'occasion d'un choix plus existentiel qu'elle sera la plus vive (l. 9 à 15). De cette analyse, nous pourrons conclure sur la nature de la conscience « en général » comme choix, donc comme liberté (l. 15 à la fin). Cette nature mérite discussion : poser la conscience comme source de liberté, c'est faire de l'homme un être absolument libre, et c'est peut-être oublier ses attaches corporelles et sociales, attaches qui définissent sa condition.

> L'**accroche** part d'expressions courantes qu'elle analyse pour amener le lien entre conscience et liberté.

> La **thèse** est explicitement donnée dans le texte. On peut donc la citer, mais il faut aussi la reformuler.

> On présente l'idée de la **première partie** du texte, puis de la **deuxième partie**, et enfin de la **troisième partie**.

> On introduit le **problème** auquel renvoie le texte : celui du rapport entre conscience et liberté.

I. La conscience disparaît dans l'acte automatique

Bergson part d'un constat : la conscience qui accompagne nos actions spontanées disparaît dans les actes automatiques. La présence et le degré d'activité de la conscience dépendraient de la nature de l'action à accomplir. Une action spontanée est une action que l'on fait de soi-même. Nous sommes la source de l'action spontanée, nous avons décidé de l'accomplir. La conscience est ici présente en tant que capacité à se représenter des actes, capacité nécessaire pour que nous puissions les rapporter à nous-mêmes.

> L'erreur aurait été de mal comprendre le sens du terme « **spontané** », que l'on confond souvent dans le langage courant avec « immédiat », « instinctif ». Au contraire, ce qui est spontané se fait librement et consciemment.

En revanche, l'action « automatique » s'exécute sans la participation de la conscience, et ceci pour la bonne raison qu'elle résulte d'un processus entièrement mécanique. L'homme pourrait, dans ce genre d'action, être comparé à un automate qui ne possède ni réflexion ni conscience et dont les mouvements ne correspondent qu'à un enchaînement mécanique non décidé. Puisqu'il n'y a pas de décision dans l'action automatique, nous pouvons en déduire qu'il n'y a pas de volonté : la conscience est ici mise en corrélation avec la volonté. De ceci, nous pouvons déduire

> Mettez en évidence les **liens logiques** entre les idées du texte.

que, de l'action spontanée à l'action automatique, la conscience se « retire » (l. 2). Cette idée va être illustrée par un exemple en deux temps : Bergson décrit tout d'abord une action spontanée (l. 2 à 6), puis il montre comment, progressivement, cette action devient automatique (l. 6 à 9).

On annonce l'**ordre des idées** en précisant les lignes qui les délimitent.

L'exemple le plus significatif pour illustrer ce passage est celui de l'apprentissage. Quand nous apprenons quelque chose, nous sommes conscients de ce que nous faisons, nous nous concentrons sur « chacun des mouvements que nous exécutons » (l. 4). La conscience est donc synonyme d'attention et de volonté : le mouvement « vient de nous » (l. 5), nous décidons de l'accomplir. La conscience, lors de l'action spontanée, est ce qui me permet de choisir tel mouvement plutôt que tel autre, en fonction de mes connaissances et de ce qui m'entoure. Par exemple, l'apprentissage de la conduite demande de savoir quand il faut passer une vitesse et que, pour ce faire, deux mouvements sont nécessaires. Ici, la conscience se présente comme choix, source de « décision » (l. 5).

Citez régulièrement le texte afin que votre correcteur sache quelle partie du texte vous êtes en train d'expliquer.

N'hésitez pas à ancrer le propos dans le réel en illustrant les idées par des **exemples** concrets.

Cependant, la conscience n'est plus nécessaire dès lors que nous maîtrisons parfaitement l'exercice. Celui-ci devient alors automatique. En effet, les « mouvements s'enchaînent davantage entre eux et se déterminent plus mécaniquement les uns et les autres » (l. 6 à 8), ce qui rend la réflexion et la décision inutiles. Par exemple, le fait de ralentir en voiture implique que je rétrograde. Ce sont deux actions qui s'enchaînent naturellement. Je n'ai pas à choisir, je le fais automatiquement. Puisque l'action ne contient aucun possible, il n'y a pas à se décider entre plusieurs partis envisageables. Je suis donc réduit ici à l'état d'automate. Une fois que nous avons assimilé l'enchaînement des mouvements et leur ordre, il n'y a plus de place pour la liberté car aucun choix n'est à faire : tout est automatique et mécanique. La conscience devenant alors inutile, elle « diminue et disparaît » (l. 9). Tout d'abord, elle est de moins en moins forte à mesure que j'intègre les mouvements. Le terme de « diminution » contient l'idée de degrés de conscience : la conscience est plus ou moins présente selon l'attention requise et l'intensité des choix à faire. Puis la conscience devient nulle, inactive, lorsqu'on arrive à un stade extrême d'automatisme.

On reprend ici l'**exemple de la conduite** pour montrer comment une action, une fois qu'elle est acquise, se fait de manière automatique.

Expliquez le texte dans son détail. Par exemple, il faut montrer d'abord en quel sens la conscience diminue, puis en quel sens elle disparaît.

Après avoir examiné comment la conscience peut s'absenter de l'acte, il nous faut maintenant examiner sa présence active, son degré le plus haut d'activité : « Quels sont [...] les moments où notre conscience atteint le plus de vivacité ? » (l. 9 à 11). En d'autres termes, quelle est la fonction supérieure de la conscience ?

La **transition** montre le lien entre la première et la deuxième partie du texte.

II. En revanche, elle est plus intensive lors de choix existentiels

Dans quelle situation la conscience atteint-elle son apogée ? Il semble que ce soit dans les « moments de crise intérieure » (l. 11), lorsque se présente à nous un choix crucial. La crise intérieure est un dilemme : le choix est loin d'être évident. Il nécessite un examen préalable des partis. Mais cet examen pourrait ne pas suffire à nous déterminer pour un parti plutôt que pour un autre. L'incertitude naît de ce que le choix crucial nous engage jusque dans notre avenir. Nous devons anticiper sur le futur, par définition inconnu, imaginer les conséquences de ce choix. Par conséquent, l'incertitude est d'autant plus grande que « nous sentons que notre avenir sera ce que nous l'aurons fait » (l. 12-13), donc que notre choix présent déterminera notre vie future. Il y a ici négation de l'idée de destin. Si notre avenir dépend entièrement de nos choix, c'est que notre vie et ses événements ne sont pas prédéterminés, que rien n'est écrit d'avance et que notre responsabilité à l'égard de notre vie est donc entière. Refuser toute idée de destin, comme le fait ici Bergson, c'est affirmer la liberté absolue de l'homme. Un rapprochement avec les thèses de Jean-Paul Sartre s'impose ici : par nos choix actuels, nous créons notre vie future, d'où l'angoisse face à ces choix existentiels dont nous ne pouvons imaginer toutes les conséquences.

Faites surgir les **implications** des idées du texte. Celui-ci ne parle pas explicitement de destin, mais dire que « notre avenir sera ce que nous l'aurons fait », c'est nier l'existence du destin et du déterminisme pour affirmer la liberté de l'homme.

En partant de la distinction entre l'action automatique et celle qui impose un choix crucial, nous voyons qu'il y a des degrés d'intensité de la conscience : selon l'importance du choix, la conscience est plus ou moins sollicitée. Nous pouvons alors tirer les conséquences de cette analyse.

Exploitez vos **connaissances philosophiques** en vous référant à d'autres auteurs pour clarifier le sens du texte.

III. Par conséquent, la conscience est synonyme de choix et fait le pont entre le passé et l'avenir

Plus le choix est difficile, plus il demande de « création » (l. 16), c'est-à-dire de nouveauté, de capacité à se déterminer soi-même, donc de faculté à affirmer sa liberté, plus la conscience est présente. La conscience est donc créatrice. Créer, c'est faire advenir quelque chose de nouveau : dans la création, nous sommes la source de l'objet ou de l'acte nouveau.

L'analyse du terme « **création** » permet de clarifier le sens du texte et le lien entre la conscience et la liberté.

L'homme crée son avenir par lui-même et sa responsabilité est totale. La conscience est donc à la fois liberté, choix, création, volonté. Et « tout porte à croire qu'il en est ainsi de la conscience en général » (l. 17), c'est-à-dire de la conscience aussi bien dans son usage cognitif (choisir une façon de voir plutôt qu'une autre) que dans son usage pratique (choisir ses propres règles d'action). Être conscient, c'est donc avant tout choisir. Or, cela ne peut se faire qu'en s'appuyant sur notre expérience passée. À partir de ce que nous sommes au présent, nous anticipons le futur qui sera le résultat de notre choix. La conscience est donc bien « mémoire et anticipation » (l. 18). L'accent est mis ici sur la temporalité de la conscience, qui est un lien entre le passé et le futur, un trait d'union entre ce qui a été et ce qui sera.

Bergson distingue deux aspects de la conscience :
– est **cognitif** ce qui est relatif à la connaissance ;
– est **pratique** ce qui est relatif à la morale.

Dans *L'Énergie spirituelle*, Bergson écrit dans le même sens que la conscience est « **un pont jeté entre le passé et l'avenir** ».

Conclusion

Bergson démontre dans ce texte que conscience est synonyme de choix, de mémoire et d'anticipation. Elle serait donc une faculté supérieure conférant à l'homme une liberté absolue. C'est cette dernière idée qui peut poser problème : si l'on veut véritablement penser la condition humaine, ne faut-il pas penser l'homme à la fois comme être conscient et comme être socialement et physiquement déterminé ? L'existence de l'acte totalement libre peut alors être interrogée. Mais être libre, est-ce vraiment agir de manière indéterminée ? N'est-ce pas plutôt assumer sa responsabilité vis-à-vis des influences qui pèsent sur nous ?

- **La conclusion rappelle la thèse et montre en quel sens elle peut poser question.**
- **La question d'ouverture n'est pas indispensable, mais a la vertu de montrer que la réflexion pourrait continuer.**

Dissertation → p. 44

Exercice 1 : Analyser les termes du sujet

a. Se contredire, c'est dire en même temps une chose et son contraire. La contradiction est donc une erreur logique. Appliqué à une « notion », l'adjectif signifie que cette notion rapproche deux éléments qui s'excluent pourtant l'un l'autre.

> Une notion est **contradictoire** lorsqu'elle énonce ou comporte deux éléments qui s'excluent mutuellement.

b. La notion d'inconscient psychique est contradictoire si inconscient et psychique s'excluent l'un l'autre. Cela sous-entend que ce qui est de l'ordre de l'inconscient ne peut être de l'ordre de la pensée, et inversement que ce qui relève de la pensée ne peut être qualifié d'inconscient. En d'autres termes, s'il y a inconscient, il n'y a pas de pensée, et s'il y a pensée, il n'y a pas d'inconscient.

c. L'inconscient serait d'ordre physique, il viendrait du corps.

Exercice 2 : Relier chaque expression à la bonne définition

- « C'est un inconscient, il a traversé l'autoroute à pied. »
- « Elle s'est évanouie et est inconsciente. »
- « Freud a découvert l'inconscient. »
- « Certains phénomènes physiologiques, comme la dilatation des pupilles, sont inconscients. »

- Partie dynamique de notre esprit à laquelle nous n'avons pas directement accès, qui influence nos pensées et comportements.
- Caractéristique de celui qui ne mesure pas les conséquences de ses actes.
- Absence de conscience, non saisie de sa propre existence et de celle du monde.
- Ce dont on n'a pas conscience, ce dont on ne se rend pas compte.

Exercice 3 : Dégager les sens du terme « inconscient »

1er sens : D'un point de vue moral, faire preuve d'inconscience, c'est ne pas mesurer les conséquences de ses actes. La pensée est ici absente : on agit sans réfléchir, et l'on ne se rend pas compte de la gravité des conséquences de ses actes ou que l'on bafoue un principe moral essentiel.

> Ce sens est présent dans la **première expression** de l'exercice précédent.

2e sens : D'un point de vue psychologique, est inconscient ce dont on n'a pas conscience, ce qui échappe au sujet. On parlera ici de phénomènes inconscients, comme des phénomènes physiologiques. Néanmoins, nous pouvons nous demander si certains phénomènes psychiques constitutifs de notre pensée ne relèvent pas de processus inconscients.

> Ce sens est présent dans les **deuxième et dernière expressions** de l'exercice précédent.

3e sens : Le sens que Freud donne à l'inconscient en tant que substantif est le plus fort. L'inconscient est une partie de notre esprit qui nous échappe et qui pourtant le détermine. Il est d'ordre psychique et peut être considéré comme une pensée impensée parce que refoulée, aussi paradoxal que cela puisse paraître.

> Ce sens est présent dans la **troisième expression** de l'exercice précédent.

Exercice 4 : Analyser des citations sur l'inconscient

– **Descartes :** « Par le mot de penser, j'entends tout ce qui se fait en nous de telle sorte que nous l'apercevons immédiatement par nous-mêmes. » La notion d'inconscient psychique est contradictoire. La philosophie classique identifiant pensée et conscience, l'idée même de pensée inconsciente est une contradiction dans les termes. Ce qui est inconscient est alors ce qui relève du corps. Cette conception est fondée sur un dualisme qui distingue et oppose matière et esprit.

dualisme : conception selon laquelle il existe deux principes irréductibles et indépendants, la matière et l'esprit.

– **Leibniz :** « Il y a à tout moment une infinité de perceptions en nous, mais sans aperception et sans réflexion, c'est-à-dire des changements dans l'âme dont nous ne nous apercevons pas. »

Il y a du non conscient dans le psychisme, c'est ce que nous n'apercevons pas distinctement. L'inconscient est ici ce qui échappe à notre conscience. Il n'est alors pas contradictoire de parler d'inconscient psychique : il y a dans notre esprit des phénomènes auxquels nous ne portons pas attention et dont nous n'avons pas conscience.

Par exemple, nous percevons consciemment le bruit des vagues, mais pas celui de **chaque petite goutte d'eau** qui tombe.

– **Freud :** « L'hypothèse de l'inconscient est nécessaire et légitime, et [...] nous possédons de multiples preuves de l'existence de l'inconscient. »

En affirmant l'existence d'un inconscient psychique actif et dynamique, et non plus seulement passif, Freud remet en cause la thèse cartésienne. Il y a en nous des pensées inconscientes fondatrices des pensées conscientes. La notion d'inconscient psychique, loin d'être contradictoire, est au contraire nécessaire parce qu'elle permet d'expliquer des phénomènes inexplicables sans elle (rêves, actes manqués, pathologies psychiques...). Elle est donc légitime parce qu'elle donne du sens à la réalité. De plus, l'efficacité thérapeutique de la psychanalyse témoigne de l'existence de l'inconscient.

– **Weil :** « Il n'y aurait pas refoulement s'il n'y avait pas conscience. Le refoulement est une mauvaise conscience, [...] une capacité d'être hypocrite avec soi-même. »

Comme Sartre, Simone Weil voit dans la théorie de Freud un danger relatif à notre responsabilité. Alors que pour Freud la maîtrise de soi et de ses actes par le sujet est remise en cause par l'inconscient, Weil considère que la prise de conscience de nos pensées ne dépend que de nous et de notre volonté de les assumer. Recourir à l'inconscient, c'est faire preuve de mauvaise foi, se mentir à soi-même et nier sa liberté pour éviter d'avoir à l'assumer. Ici, la notion d'inconscient psychique, plus encore que d'être contradictoire d'un point de vue logique, relève de la faute morale.

Aux yeux de Weil, **l'inconscient ne doit pas servir d'excuse** pour les actes que nous n'assumons pas.

Plan détaillé

I. La notion d'inconscient psychique est contradictoire.

A) D'un point de vue logique.

B) Du point de vue de la philosophie classique (corps / esprit).

C) D'un point de vue moral.

Transition : Il semble donc que non seulement la notion d'inconscient psychique désigne quelque chose d'inexistant, mais encore qu'elle puisse être dangereuse d'un point de vue moral. Néanmoins, avons-nous vraiment conscience de tout ce qui se passe en notre esprit ?

> On assimile le psychique à la pensée et donc à la conscience, tandis que **l'inconscient est assimilé à tout ce qui est non conscient**, donc non pensé.

> Selon la philosophie classique (Hegel, Descartes), est psychique tout ce qui est relatif à l'esprit, tandis que **l'inconscient est de l'ordre du corps**.

> Pour Weil, Sartre ou encore Alain, **recourir à la notion d'inconscient psychique mène à la faute morale**.

II. Ceci dit, on n'a pas conscience de tout : il y a dans l'esprit des phénomènes qui échappent à la conscience.

A) On n'a pas conscience des causes des désirs et sentiments : ce sont des phénomènes psychiques dont l'origine nous échappe.

B) Les souvenirs sont non conscients tant qu'on n'en a pas besoin.

C) Les petites perceptions de Leibniz.

Transition : Il existe donc des phénomènes psychiques dont nous n'avons pas conscience. Mais ne peut-on aller plus loin et considérer l'existence d'un inconscient psychique non plus passif, mais actif ?

> Dans cette sous-partie, on évoquera **la conscience comme mémoire** (Bergson).

> L'analyse du sujet doit être progressive. Les **transitions** témoignent de cette progressivité en montrant comment, au fur et à mesure, on approfondit l'analyse. Rédigez-les au brouillon pour tester votre plan et sa cohérence.

III. Loin d'être contradictoire, la notion d'inconscient psychique dynamique est fructueuse et légitime.

A) Ce qu'est l'inconscient selon Freud.

B) Une notion nécessaire pour donner du sens à certains phénomènes.

C) La psychanalyse : une thérapie qui a prouvé son efficacité.

SUJET 4

20 pts

4 H

L'État

EXPLICATION DE TEXTE *Politique*, Aristote 54

Perspective La morale et la politique

La justice

DISSERTATION Existe-t-il des lois injustes ? 58

Perspective La morale et la politique

› **CORRIGÉS** 61

EXPLICATION DE TEXTE 20 pts 4 H → Corrigé p. 61

› Expliquez le texte suivant.

TEXTE ***Politique*, Aristote**

Le choix judicieux est l'affaire des gens de savoir : par exemple le choix d'un géomètre appartient à ceux qui sont versés dans[1] la géométrie, et le choix d'un pilote à ceux qui connaissent l'art de gouverner un navire. Car, en admettant même que, dans certains travaux et certains arts, des profanes[2] aient voix au chapitre, leur choix en tout cas n'est pas meilleur que celui des hommes compétents. Par conséquent, en vertu de ce raisonnement, on ne devrait pas abandonner à la masse des citoyens la haute main sur[3] les élections de magistrats. Mais peut-être cette conclusion n'est-elle pas de tout point pertinente, si la multitude à laquelle on a affaire n'est pas d'un niveau par trop bas (car, bien que chaque individu pris séparément puisse être plus mauvais juge que les gens de savoir, tous, une fois réunis en corps[4], ne laisseront pas d'être de meilleurs juges que ces derniers, ou du moins pas plus mauvais), et aussi parce que il y a certaines réalisations pour lesquelles leur auteur ne saurait être seul juge ni même le meilleur juge : nous voulons parler de ces arts dont les productions peuvent être appréciées en connaissance de cause même par des personnes étrangères à l'art en question : ainsi, la connaissance d'une maison n'appartient pas seulement à celui qui l'a construite ; mais meilleur juge encore sera celui qui l'utilise (en d'autres termes, le maître de maison), et un pilote portera sur un gouvernail une meilleure appréciation qu'un charpentier, et l'invité jugera mieux un bon repas que le cuisinier.

Aristote, *Politique,* IVe siècle av. J.-C.

1. *Être versé dans quelque chose* : avoir la pratique, la connaissance approfondie de quelque chose.
2. *Profane* : non connaisseur, ignorant.
3. *Avoir la haute main sur quelque chose* : jouir de la principale autorité dans un domaine donné.
4. *Corps* : ici, ensemble de personnes ; corps politique.

La connaissance de la doctrine de l'auteur n'est pas requise. Il faut et il suffit que l'explication rende compte, par la compréhension précise du texte, du problème dont il est question.

Analyser le texte

ÉTAPE 1 **Lire le texte**

- **Lisez le texte plusieurs fois** afin d'en saisir le sens général.
- **Repérez les notions en jeu dans le texte :**

– Notion principale : l'**État**.
– Autres notions abordées : l'**art**, la **technique**, la **vérité**.

- **Repérez les liens logiques :**

– « Car » (l. 4 et l. 11) et « parce que » (l. 15) annoncent une **justification**.
– « Par conséquent » (l. 7) et « ainsi » (l. 19) annoncent une **déduction**.
– « Mais » (l. 9 et l. 20) annonce une nuance.
– « Si » (l. 10) annonce une **condition**.

ÉTAPE 2 **Comprendre le texte**

- **Reformulez les idées du texte** en définissant les termes importants.
- **Faites attention aux faux-semblants.** Certains textes, comme celui-ci, commencent par l'exposition d'une thèse que l'auteur va ensuite réfuter. Ne croyez pas que l'auteur se contredit, ce n'est jamais le cas.

› Exercice

Répondez aux questions suivantes.

1) Reformulez la première phrase.

....

....

....

2) Que déduit-on de cette première idée d'après le texte ?

....

....

....

3) Dans les lignes 1 à 9, quel lien logique annonce un argument ?

....

....

....

4) Quel est le passage du texte qui permet de voir que la première thèse présentée n'est pas celle que défend Aristote ?

....

....

....

Les conseils du prof !

La première phrase présente le **présupposé** de la thèse qu'Aristote va ensuite réfuter.

« Par conséquent » annonce une **déduction** et introduit donc la thèse qui sera ensuite remise en cause.

Un **argument** est ce qui justifie une thèse.

Soyez attentif aux **liens logiques** pour répondre à cette question.

Dégager les éléments essentiels du texte

ÉTAPE 1 Repérer les idées importantes et la structure logique du texte

- **Dégagez le plan du texte :**
  - **1re partie** (l. 1 à 9) : Aristote présente la thèse adverse à la sienne. Puisque ceux qui savent sont meilleurs juges que les ignorants, la politique doit être réservée aux spécialistes.
  - **2e partie** (l. 9 à la fin) : Aristote remet en cause la première thèse. Les citoyens, s'ils sont éduqués et regroupés en tant que corps, sont meilleurs juges en matière de politique qu'un spécialiste seul.

ÉTAPE 2 Repérer et formuler la thèse

- **La thèse d'Aristote est la suivante :** la politique n'est pas l'affaire de spécialistes, mais des citoyens qui ont à élire leurs magistrats.

ÉTAPE 3 Repérer et formuler le problème

- **Allez de la thèse au problème :**
  - Le problème se trouve en cernant la **question à laquelle répond la thèse** : le peuple a-t-il un rôle à jouer en matière de politique ?
  - Cette question n'est pas en elle-même un problème. Pour qu'il y ait problème, vous devez **opposer deux thèses** et montrer qu'au moins un argument permet de justifier chacune d'elles.
- **Voici le problème de ce texte :** laisser le peuple décider en matière de politique semble dangereux parce qu'il ne connaît rien à cet art. Cependant, dans la mesure où la politique concerne le mode de vie des citoyens, ne devraient-ils pas avoir leur mot à dire sur la manière de gérer la Cité ?

› Exercice

Répondez aux questions suivantes.

1) Trouvez trois arguments qui permettent de justifier l'idée selon laquelle les citoyens ne seraient pas aptes à gouverner.

- ....
....
- ....
....
- ....
....

2) Expliquez pourquoi « bien que chaque individu pris séparément puisse être plus mauvais juge que les gens de savoir, tous, une fois réunis en corps, ne laisseront pas d'être de meilleurs juges que ces derniers, ou du moins pas plus mauvais » (l. 11 à 14).

....
....
....
....
....

Les conseils du prof !

Mobilisez vos **connaissances**, notamment sur la conception platonicienne de la politique.

- Vous devez développer les idées qui ne sont qu'affirmées dans le texte, et donc en reconstituer l'argumentation. Pour cela, il faut **interroger le texte**.
- **Rousseau** et son analyse du contrat social peuvent être convoqués ici.

Rédiger l'explication de texte

ÉTAPE 1 Rédiger l'introduction

- **Rédigez toujours l'introduction au brouillon.**
- **Amenez le problème** évoqué par le texte. Pour montrer que ce problème se pose, introduisez-le en analysant un constat, une idée reçue ou une citation d'un autre auteur. Ne commencez pas par une citation du texte.
- **Formulez la thèse**, puis **énoncez la structure logique** du texte.

ÉTAPE 2 Rédiger le développement

- **Suivez le plan du texte.** Il y a deux parties dans le texte, donc le développement comportera lui aussi deux parties.
- Dans chaque partie, **faites des paragraphes** pour mettre en évidence les différentes étapes de l'analyse.
- **Pour ce texte, la première partie de votre explication pourra prendre la forme suivante :**
  - 1er paragraphe : reformulation de l'idée générale.
  - 2e paragraphe : précision concernant les défenseurs de cette idée. Qui sont-ils ?
  - 3e paragraphe : 1er argument évoqué pour défendre cette idée.
  - 4e paragraphe : 2e argument évoqué pour défendre cette idée.
- **Ménagez des transitions** séparées des parties pour montrer comment les idées s'enchaînent entre elles.

› Exercice

Construisez le plan de l'explication de texte en précisant l'idée de chaque paragraphe, puis rédigez la transition entre les deux parties.

I. La politique est une affaire de spécialistes.

A) Les plus compétents dans un art sont les mieux placés pour évaluer la qualité de ceux qui pratiquent le même art. Par conséquent, la politique ne peut être l'affaire de tous.

B) C'est ce qu'affirment les détracteurs de la démocratie.

C) ....

D) ....

Transition : ....

....

....

II. ....

A) ....

B) ....

C) ....

D) ....

Les conseils du prof !

Un **paragraphe** correspond à un argument, une nuance ou une objection.

- La **transition** assure le passage de la première à la deuxième partie. Elle ne doit pas être trop longue. Deux à quatre lignes sont idéales.
- Pour plus de clarté, **séparez les transitions des parties** dans votre devoir.

› Je rédige l'explication de texte

Imprimez votre copie pour rédiger

…NONCÉ La justice

…TATION 20 pts 4 H → Corrigé p. 64

…xiste-t-il des lois injustes ?

Analyser le sujet

ÉTAPE 1 Comprendre le sujet

- **Ne cédez pas à l'évidence.** Le sujet peut déconcerter, tant il semble évident que certaines lois ne sont pas justes. Ne vous contentez pas de le constater en énumérant simplement des lois qui paraissent injustes.
- **Interrogez-vous sur les raisons** qui justifient la question.

ÉTAPE 2 Repérer et définir les mots-clés

- **Définissez les termes du sujet :**

– **« Existe-t-il »** : on interroge l'existence de lois injustes, donc la possibilité de concevoir une opposition entre justice et loi. En d'autres termes, on se demande si les concepts de lois et de justice peuvent s'opposer.

– **« Lois » :** il est clairement question ici des lois juridiques et morales, non des lois de la nature.

– **« Injustes » :** non conformes à la justice. Deux sens de « justice » sont à distinguer : 1) la justice est d'abord instituée par les hommes par le biais des lois. On parlera alors de conformité aux lois ; 2) la justice est aussi une vertu morale qui repose sur l'égalité.

ÉTAPE 3 Développer la réflexion sur le sujet

- Soit il existe des lois injustes, soit il n'en existe pas. **Qu'implique chacune de ces thèses et que présupposent-elles ?**
- **Reformulez le sujet** et chaque thèse en conceptualisant les termes importants.

› Exercice

Analysez les affirmations suivantes : cherchez ce qu'elles impliquent en complétant chaque raisonnement et en répondant aux questions.

1) Il n'existe pas de lois injustes.

- S'il n'existe pas de lois injustes, c'est que toutes les lois sont ....
- Si toutes les lois sont justes, c'est que ce sont les lois qui définissent ce qui est .... et ce qui est ....
- Quel est alors ici le sens du terme « justice » ? Quel sens du terme « justice » rejette-t-on ?

....

....

....

....

....

Les conseils du prof !

Vous devez analyser chaque thèse en dégageant leurs **présupposés** et leurs **implications.**

- Quel est l'avantage de cette thèse pour la vie en société ?

....

....

....

- À quels dangers s'expose-t-on si l'on admet que toutes les lois sont justes ?

....

....

....

La question interroge sur les **conséquences** de cette thèse.

2) Il existe des lois injustes.

- S'il existe des lois injustes, c'est que la justice ....

....

- Donnez un exemple de loi qui vous paraît injuste et expliquez pourquoi elle n'est pas juste.

....

....

....

....

- Philosopher consiste d'abord à **s'étonner :** il faut savoir se poser des questions, interroger le sujet et donner sa chance même à la thèse qui *a priori* ne nous semble pas tenable.
- **Posez-vous toujours les questions suivantes :** pourquoi ? Qu'est-ce qui justifie cette idée ? Que présuppose-t-elle ? Quelles en sont les conséquences ?

- Quelle différence y a-t-il entre ce qui est légal et ce qui est légitime ? Que peut-on déduire de cette distinction par rapport au sujet ?

....

....

....

....

....

- Comment peut-on définir la justice, si l'on dit que certaines lois sont injustes ?

....

....

....

....

Construire la dissertation

ÉTAPE 1 Mobiliser son cours

- **Identifiez les notions en jeu :**
  – Notion centrale : la **justice**.
  – Autres notions en jeu : l'**État**, le **devoir**, la **liberté**.
- **Identifiez les repères à exploiter :** légal / légitime ; en fait / en droit ; général / particulier.
- **Identifiez les concepts à connaître** : droit positif / droit naturel ; positivisme juridique ; égalité commutative / égalité distributive ; équité.

ÉTAPE 2 Construire le plan au brouillon

- Si vous ne disposez que de deux thèses, **optez pour un plan dialectique**.
- **Votre plan peut prendre la forme suivante :**
  1) Thèse 1 : expliquez cette thèse, puis montrez ce qui la justifie et quels sont ses avantages.
  2) Remise en cause de la thèse 1 : montrez pourquoi cette thèse ne peut pas être admise.
  3) Thèse 2 : expliquez ce qu'il faut alors soutenir et pourquoi, en montrant comment cette thèse résout les difficultés évoquées en deuxième partie.

› Exercice

Rédigez l'introduction de la dissertation en vous référant à la tragédie *Antigone* de Sophocle. Vous expliquerez comment cette tragédie amène à se demander s'il existe des lois injustes.

....

....

....

....

....

....

....

....

....

....

....

....

....

....

....

Les conseils du prof !

L'introduction doit **amener le sujet**, c'est-à-dire le justifier, montrer pourquoi cette question se pose.

- Antigone s'oppose à Créon, roi de Thèbes, parce que celui-ci refuse, au nom de la loi, d'enterrer son frère Polynice. Antigone justifie son action par le fait que la loi divine, qui veut que chaque homme ait droit à une sépulture, est supérieure aux lois humaines.
- La tragédie fait donc apparaître **deux conceptions de la justice.**

› Je rédige la dissertation

Imprimez votre copie pour rédiger

Dans un souci de clarté, le plan des corrigés est explicité par des titres. Cependant, la copie que vous rédigerez le jour de l'épreuve ne doit en comporter aucun.

Explication de texte → p. 54

Je comprends les corrigés

Corrigé rédigé

Introduction

Dans un État démocratique, les lois ont pour but de garantir la liberté et la sécurité de chaque citoyen, si bien qu'il semble évident que c'est à l'ensemble des citoyens qu'il revient de faire les lois. Mais force est de constater que beaucoup ne se sentent pas acteurs de la République et que le nom même de *res publica* (« chose publique ») perd parfois son sens premier. Le citoyen a plus souvent l'impression d'être soumis aux lois que d'en être le créateur, et nombreux sont les gouvernements qui jugent le peuple incapable de jouer un quelconque rôle bénéfique en politique. Quel principe pourrait assurer la supériorité de la compétence du peuple à faire les lois sur celle de l'homme instruit politiquement ? Est-ce au peuple de faire les lois ou la politique est-elle une affaire de spécialistes ? Tel est le problème qu'Aristote aborde dans ce texte. Il montre que c'est au peuple de choisir ses représentants politiques, et dénonce le raisonnement abusif par lequel on tente généralement d'argumenter l'idée selon laquelle seuls les politologues seraient à même d'élire de bons magistrats. Pour étudier cette question, Aristote énonce d'abord l'argument classique opposé au système démocratique (l. 1 à 9), pour ensuite montrer que ce raisonnement ne vaut pas en politique : ce n'est pas parce que le jugement de l'individu est fragile en matière de politique que le peuple est inapte à élire les magistrats. De plus, la politique fait partie de ces arts dont on juge la valeur non pas à partir du savoir, mais à partir de l'usage que l'on en fait. Puisque c'est le peuple qui use des décisions politiques, c'est donc le meilleur juge pour les évaluer (l. 9 à la fin). Mais ce principe ne comporte-t-il pas des dangers ? Si aujourd'hui l'homme se désintéresse de la politique, a-t-on raison de lui laisser voix au chapitre ?

> Vous devez d'abord énoncer le **problème**.

> La **thèse** doit être clairement énoncée dès l'introduction.

> **politologue** : spécialiste en matière de politique.

> L'**introduction doit mettre en évidence la structure logique du texte en précisant la première partie et la seconde partie.**

> L'introduction s'achève sur la présentation de l'**enjeu** de la thèse.

I. La politique est une affaire de spécialistes

Aristote énonce d'abord un principe général : « Le choix judicieux est l'affaire des gens de savoir » (l. 1). Celui qui est compétent dans un art est le plus à même de juger de la qualité du technicien, et l'ignorant ne saurait mieux juger que le savant. En d'autres termes, on argue que celui qui possède la connaissance théorique d'un art est plus compétent que le profane pour élire le meilleur spécialiste de cet art. C'est ainsi que, par exemple, « le choix d'un pilote » revient « à ceux qui connaissent l'art de gouverner un navire » (l. 3-4). Il faut donc distinguer les « compétents », ceux qui connaissent et savent juger, et les « profanes », non versés dans l'art en question et dont le choix ne peut pas être meilleur que celui des spécialistes. En vertu de ce raisonnement, il apparaît que la multitude

> **Citez régulièrement le texte**, en précisant les lignes du passage entre parenthèses.

> **Expliquez** toujours les passages que vous citez.

> **arguer** : donner comme argument.

des individus vivant dans la Cité ne soit pas apte à élire les magistrats et qu'il faille réserver ce droit aux spécialistes des affaires politiques, dont le choix sera bien plus pertinent.

Tel est l'argument traditionnel des détracteurs de la démocratie. Précisons les diverses raisons que l'on invoque pour affirmer que ce n'est pas au peuple de faire les lois. Nous pouvons d'abord constater que pendant des siècles, le peuple s'est contenté d'obéir aux lois établies par un pouvoir jugé supérieur.

On donne également comme argument que le peuple est ignorant et imbécile. La démocratie, ainsi que l'affirme Platon, serait le règne des incompétents. Pour Platon, il appartient aux plus lucides de juger en matière de politique, à ceux qui sauront faire la différence entre la licence dangereuse du peuple, qui s'autorise tous les débordements en fonction de son bon plaisir, et le choix judicieux du sage, qui considère raisonnablement le bien de la Cité.

licence : liberté de tout faire sans limite.

Ensuite, comme le montre Hobbes, l'homme est par nature incapable de vivre en harmonie avec autrui. Dans le *Léviathan*, il affirme que « l'homme est un loup pour l'homme » à l'état de nature, si bien qu'il est obligé de déléguer à un tiers le droit de faire les lois, sans quoi une guerre de tous contre tous aurait lieu. Le tyran garantit ainsi la sécurité, mais devient le seul individu compétent à juger de ce qui doit être décidé en matière de politique.

Pour appuyer ou développer une idée du texte, n'hésitez pas à faire référence à d'**autres auteurs**, l'essentiel étant de ne pas perdre de vue le texte.

C'est donc parce que le peuple est inapte à gérer les affaires politiques, parce qu'il est en ce domaine inférieur à celui qui le gouverne, qu'il ne doit pas légiférer. Aristote montre par deux arguments que « cette conclusion n'est [...] pas de tout point pertinente » (l. 9-10) : on a tort de refuser au peuple le droit de participer à la politique.

La **transition** met en évidence les liens entre les parties du texte.

II. Le peuple peut faire des choix judicieux en matière de politique

Si l'individu isolé n'est pas le meilleur juge, il n'en reste pas moins que le peuple est plus compétent ou, du moins, ne l'est pas moins que le politologue pour élire les magistrats. Aristote avance un premier argument : « tous, une fois réunis en corps, ne laisseront pas d'être de meilleurs juges » (l. 13-14) que les gens de savoir. Aristote distingue l'individu et le corps politique formé par les citoyens : l'individu pris isolément n'est pas bon juge en matière de politique, mais en tant que citoyen, il vise par son action non pas son bien vivre individuel, mais celui de la Cité. Le peuple, comme communauté d'êtres libres et doués de raison, est capable de juger judicieusement. Les jugements émanent des citoyens et se modèrent les uns les autres, si bien que l'on accède à une certaine cohérence. Aristote précise cependant que le peuple est apte à juger en matière de politique à condition qu'il ne soit pas « d'un niveau par trop bas » (l. 11) : le pouvoir politique doit être exercé par des hommes libres et égaux. Cela signifie que la communauté politique ne doit pas être composée d'êtres déficients (les esclaves) ou inférieurs (les femmes et les enfants).

Cette **distinction entre individu et citoyen** est importante : elle fonde l'argumentation d'Aristote. L'erreur aurait été ici de ne pas la mentionner.

Ne pas essayer d'expliquer cette **allusion** aurait nui à la copie. Même si vous n'êtes pas certain de ce que l'auteur veut dire, essayez d'avancer des hypothèses : mieux vaut un effort d'explication, même inexact, qu'une paraphrase qui ne fait que mal résumer le texte.

Aristote répond ainsi à Platon : le peuple pris collectivement est plus à même de juger en matière de politique lorsqu'il est constitué d'hommes libres exerçant leur autorité politique d'après leur raison. Dans la Cité, l'homme accède à sa pleine humanité, délivré de l'aliénation des nécessités économiques et vitales. L'action politique, en effet, accomplit la nature humaine. Pour Aristote, l'homme est d'abord un animal politique, vivant avec d'autres de manière organisée, parce que possédant par nature le langage qui lui permet d'exprimer les idées de justice et d'injustice, entre autres. C'est donc par l'action politique qu'il réalise pleinement son humanité et s'affranchit d'une vie purement animale qui ne consisterait qu'à pourvoir à ses besoins premiers.

On reprend l'argument évoqué en première partie pour montrer **comment Aristote le réfute**.

aliénation : dépendance.

Exploitez vos connaissances philosophiques. Ici, on fait référence à l'idée d'Aristote selon laquelle l'homme est par nature un animal politique.

De plus, la politique est un art dans lequel l'expérience joue un rôle non négligeable : le meilleur juge n'est pas le savant, mais celui qui utilise la production. De même que c'est le maître de maison qui évalue la qualité du travail de l'architecte par l'usage qu'il fait de son habitation, c'est le citoyen, usager des décisions politiques, qui est le plus compétent pour juger de leur qualité et donc pour élire ses représentants politiques. Celui dont la production a pour fin une utilisation par d'autres devrait donc laisser à ces utilisateurs la charge de juger cette production. Le pilote juge mieux de la qualité d'un gouvernail que le charpentier qui l'a fabriqué : c'est à l'usage que l'on se rend compte des qualités et défauts des réalisations. Ainsi, l'élection des magistrats doit revenir aux citoyens puisque la qualité des représentants politiques se juge en fonction de la valeur de leurs décisions et que ce sont les citoyens qui font usage de ces décisions.

Reprenez les **exemples du texte** pour en clarifier le sens.

La référence à **Rousseau** vient appuyer l'analyse d'Aristote : c'est le peuple qui est souverain, c'est-à-dire détenteur du pouvoir politique.

Ajoutons à cet argument celui de Rousseau, qui va à l'encontre de la justification de l'absolutisme développée par Hobbes. Dans *Du contrat* social, Rousseau montre que l'État a pour but de garantir la liberté avant la sécurité, et qu'il ne peut le faire que si les lois émanent de la volonté générale, c'est-à-dire de la volonté de tous en vue du bien commun. Les justifications de la tyrannie ne sont que des mystifications, et c'est au peuple de décider de l'organisation politique. La liberté étant inaliénable, c'est au peuple de faire les lois, puisqu'il n'est libre que pour autant qu'il obéit aux lois qu'il s'est lui-même prescrites. Si les citoyens sont des êtres raisonnables et libres, il leur appartient de jouer un rôle politique.

- **absolutisme** : régime politique dans lequel le chef d'État détient tous les pouvoirs.
- **mystification** : mensonge, manipulation.
- **inaliénable** : qui ne peut être cédé à autrui. Pour Rousseau, la liberté est inaliénable dans le sens où perdre sa liberté, c'est perdre sa qualité d'homme.

Conclusion

Aristote montre donc que le peuple ne doit pas être exclu de la vie politique. Cependant, le citoyen doit non seulement être formé et instruit en matière de politique, mais également prendre conscience de son rôle d'acteur public afin que la démocratie ne se transforme pas en tyrannie voilée. Ce n'est certes pas au peuple qu'il appartient directement de faire les lois, dans la mesure où cela serait techniquement impossible, mais il garde cependant ce droit de manière indirecte, d'où l'importance de son vote lors des élections de ses représentants politiques.

La conclusion rappelle clairement l'**idée centrale**, puis montre que le texte donne à penser et renvoie à un enjeu philosophique.

Dissertation → p. 58

Corrigé rédigé

Introduction

Dans une de ses célèbres tragédies, Sophocle dépeint la révolte d'Antigone contre les lois de Créon, roi de Thèbes. Ce dernier, appliquant les lois établies dans la Cité, fait, selon Antigone, preuve d'injustice. Doit-on donner crédit à Antigone ou à son oncle ? Existe-t-il des lois injustes ? Si les lois ont pour but d'établir la justice, comment comprendre qu'elles puissent être injustes ? Sur quoi peut-on se fonder pour parler de justice, si ce n'est sur les lois établies ? Les lois, ensemble de règles définissant les droits et devoirs des sujets qui y sont soumis, semblent *a priori* définir le juste et l'injuste, si bien que parler de lois injustes relève de l'illusion. Mais le sentiment de justice nous informe presque spontanément de la non-légitimité de certaines lois, si bien qu'assimiler loi et justice peut comporter des dangers. À quelles conditions peut-on parler de lois injustes et de lois justes ? Et la loi, même légitime, ne comporte-t-elle pas en elle-même des risques d'injustice ?

L'accroche part d'un **exemple littéraire** : *Antigone* de Sophocle. Il faut l'analyser pour montrer comment la tragédie permet de **poser le sujet**. La question est alors justifiée.

Le sujet est **problématisé** : on montre à quels problèmes renvoie la question.

On effectue une **conceptualisation** des termes du sujet.

I. La justice est définie par les lois

Les lois dont il est question ici relèvent de l'ordre politique et juridique. Elles se définissent comme des règles établies de manière conventionnelle en vue de réguler la coexistence des individus. Elles ont pour fin le bien de la communauté. Si l'on met en place de telles lois, c'est d'abord parce que, de fait, les hommes ne peuvent s'entendre entre eux de manière spontanée : telle est l'insociable sociabilité de l'homme. Kant désigne par cette expression la tendance innée de l'homme à l'égoïsme, alors qu'il est confronté au besoin d'autrui. Bien qu'ils aient du mal à vivre ensemble, les hommes ont cependant besoin les uns des autres. Le droit, comme ensemble des lois, vient alors rectifier le fait en vue d'une coexistence pacifique des individus. Dès lors, la justice ne peut exister que dans une communauté juridiquement organisée. Les lois permettent le règne de la justice. Il apparaît alors difficile de penser qu'il puisse exister des lois injustes, dans la mesure où ce sont justement les lois qui instaurent la justice.

L'étymologie souligne le lien qui unit les notions de justice et de droit : *judicare*, c'est *jus dicere*, c'est-à-dire « dire le droit ». Or, le droit est l'ensemble des lois conventionnellement établies. Le juste se définit alors comme ce qui est conforme aux lois. Telle est la position du positivisme juridique : il serait vain de chercher ailleurs que dans la conformité aux lois l'idée de justice, celle-ci variant selon les circonstances. Au lieu de spéculer sur une idée floue et incertaine de la justice, il apparaît préférable de se contenter d'une convention : on appelle « juste » ce qui est contenu dans le droit positif, c'est-à-dire les lois établies.

La justice est d'abord envisagée comme conformité aux lois. En effet, si l'on distingue le **fait** et le **droit**, les lois ont pour mission de définir ce qui est juste. Il n'y aurait en ce sens pas de lois injustes.

Référez-vous régulièrement au sujet, de manière à ne pas le perdre de vue et à éviter un hors-sujet. Par exemple, en fin de paragraphe, précisez ce que l'on peut conclure de votre argumentation en reprenant les termes du sujet.

positivisme juridique : conception selon laquelle ce sont les lois positives (conventionnellement établies) qui définissent ce qui est juste.

Précisez le **sens des termes** que vous employez, notamment lorsqu'ils relèvent des outils propres à la réflexion philosophique.

Cette conception permet aux tribunaux d'opérer de façon efficace puisqu'elle assure chaque citoyen que son sort ne dépend pas des opinions de son juge : celui-ci doit se borner à appliquer la règle édictée par le législateur. Alain écrit en ce sens que « ce qui est juste, c'est d'accepter d'avance l'arbitrage, non pas l'arbitrage juste, mais l'arbitrage » : la justice est le respect de la loi et de son application, sans arbitraire ni déformation. Si les lois sont appliquées à tous sans exception et de la même manière, nous sommes alors prémunis contre les injustices possibles.

On explicite les **avantages** du positivisme juridique.

Il n'existerait donc pas de lois injustes, les lois définissant précisément ce qui est juste. Reste que certaines décisions juridiques nous paraissent profondément injustes, et toute révolte relève d'un refus de certaines lois jugées non conformes à l'idée de justice. Ne doit-on pas, dès lors, penser une fracture possible entre la loi et le juste ?

Il est important que les **transitions** rappellent ce qui vient d'être établi et montrent ce qui justifie le passage à l'idée défendue dans la partie suivante.

II. Les dangers du positivisme juridique

Assimiler le juste à la conformité des lois établies n'est pas sans danger. Lorsque les lois sont inhumaines, le sentiment de justice nous commande de leur désobéir. La conformité à la loi ne définit que la légalité. Mais ce qui est légal n'est pas toujours légitime, c'est-à-dire conforme à ce qu'exige la conscience morale. Il semble donc nécessaire de distinguer la loi et la justice : il existe des lois injustes, et c'est relativement à l'idée que nous nous faisons de la justice que nous sommes autorisés à évaluer les institutions judiciaires. Car ce qui est juste n'est pas seulement ce qui est conforme aux lois, mais ce qui est conforme aux exigences éthiques.

Force est de constater que les lois sont parfois ressenties comme injustes. N'y aurait-il pas un **idéal de justice** qui permettrait d'évaluer la valeur d'une loi positive ?

La distinction entre **légalité** et **légitimité** est essentielle : c'est justement ce que le sujet demande d'examiner.

éthique : qui concerne la morale.

Lorsqu'Antigone s'insurge contre les décisions de Créon, elle revendique une justice supérieure qui entre en conflit avec les conventions, une « loi qui n'est ni d'aujourd'hui ni d'hier, qui est éternelle et dont personne ne connaît l'origine ». D'une manière générale, c'est bien à la justice en elle-même que nous faisons appel lorsque nous décrions une loi que nous jugeons injuste. Car la loi positive, en tant que prescription établie par l'autorité souveraine de l'État, trouve fréquemment son origine dans la force et la violence, dans la ruse et l'intérêt. Avec Aristote, nous pouvons distinguer deux sortes de lois : « d'une part la loi particulière, de l'autre la loi commune ». La première relève du droit positif et désigne la loi telle qu'elle est conventionnellement établie par les hommes. Elle varie d'un peuple à un autre et d'une époque à une autre, et n'est en ce sens pas toujours juste. **La seconde renvoie au droit naturel qui nous fait savoir ce qui, en soi, est juste et injuste.** Nous ne pouvons critiquer une loi si nous ne supposons d'emblée l'existence d'une telle loi naturelle définissant le juste.

Revenir à un exemple utilisé dans l'introduction dans le fil de la dissertation donnera de la valeur à votre copie.

La distinction entre **droit naturel** et **droit positif** justifie l'idée qu'il existe des lois injustes.

Il apparaît dès lors qu'il existe des lois injustes, celles-ci étant définies comme non conformes à ce que prescrit le droit naturel. La légalité réclame en ce sens une légitimité pour pouvoir être considérée comme juste. Mais le problème est de s'entendre sur ce que précisément nous nommons droit naturel et justice.

La **transition** est séparée des parties pour que la structure du devoir soit plus claire.

III. La justice doit normer les lois

Puisque les lois propres à une société et à une époque varient, elles nous semblent peu enclines à garantir la justice. Il nous faut trouver une norme intangible susceptible de fonder les lois positives. Dans la mesure où c'est l'homme qui use de la justice et y fait appel, il semble judicieux, pour définir le juste, de se fonder sur la nature humaine : est juste ce qui garantit le respect de la nature humaine. Le droit naturel définit des droits qui ne viennent pas de la société, mais de la nature de l'homme. De ce fait, ces droits sont universels et renvoient à l'idée d'une justice elle-même universelle. Or, l'idée même de justice renvoie spontanément à celle d'égalité. Est juste ce qui se conforme à l'exigence éthique d'une double égalité : l'égalité commutative et l'égalité distributive. La première repose sur la réciprocité et le fait de donner autant à chacun. La loi, pour être juste, doit s'appliquer à tous sans exception. C'est le fondement du contrat social que dépeint Rousseau : pour que la justice soit assurée, nul ne doit être au-dessus des lois et celles-ci doivent garantir la liberté et l'intégrité de chacun des citoyens. Dans son aspect social, la justice ne concerne plus le problème de l'égalité des droits, mais celui de la distribution des richesses. C'est là qu'intervient la seconde égalité : on doit donner à chacun selon son mérite.

Cette partie est structurée autour des notions de **justice** et d'**équité** :
- 1er paragraphe : puisqu'il y a des lois injustes, il semble nécessaire de repenser la justice comme un idéal auquel les lois doivent se conformer.
- 2e paragraphe : l'équité est nécessaire pour penser l'application juste de la loi.

- **égalité commutative** : 1 = 1. Les hommes ont tous la même valeur, sont tous égaux.
- **égalité distributive** : ½ = ²⁄₄. C'est une égalité proportionnelle : on donne à chacun selon son mérite.

En outre, la justice ne se contente pas de donner des droits, des devoirs ou des richesses : elle joue aussi le rôle de régulateur et sanctionne les transgressions. Ici, la justice ne peut plus se contenter d'être égalitaire. En d'autres termes, il ne suffit pas que les lois soient justes pour que règne la justice. En effet, la loi étant générale, elle ne peut prévoir tous les cas qui peuvent se présenter. Le magistrat, au lieu d'appliquer mécaniquement un règlement, doit faire preuve d'équité : face à un cas qui n'a pas été prévu par la loi, il doit se demander dans quel esprit le législateur aurait tranché s'il avait été confronté à cette situation. Aristote note ainsi que « l'équitable est un ajustement de ce qui est légal », un correctif de la loi garantissant l'établissement d'une justice supérieure à celle que prétend incarner la loi. Ainsi, la justice demande une application intelligente et droite de la loi.

On procède à un **approfondissement de l'analyse** : la justice demande aussi une application juste des lois.

Une **citation** n'est pas en elle-même un argument, mais elle permet d'introduire ou d'illustrer l'idée défendue.

Conclusion

De fait, il existe des lois injustes et il serait dangereux de confondre loi et justice : la loi est de l'ordre du politique et du juridique, alors que la justice est une notion d'ordre moral. En ce sens, le sentiment d'injustice peut surgir légitimement face à une loi qui n'a pas lieu d'être. Les lois ne sont donc justes que dans la mesure où elles sont conformes à ce que prescrit le droit naturel. Mais notons tout de même que la loi en elle-même, bien que légitime, doit être appliquée avec équité pour que règne la justice, dans la mesure où sa généralité peut s'appliquer injustement au cas particulier.

Notez clairement en conclusion votre **thèse** en reprenant les termes du sujet. Trop de copies concluent de manière évasive, sans que l'on puisse savoir quelle est finalement la réponse apportée à la question que le candidat était censé traiter.

SUJET 5

20 pts 4H

Le temps

EXPLICATION DE TEXTE *Pensées*, Blaise Pascal 68

Perspective L'existence humaine et la culture

Le langage

DISSERTATION Peut-on parler pour ne rien dire ? 72

Perspective La connaissance

› CORRIGÉS 76

SUJET 5 ÉNONCÉ Le temps

Explication de texte

20 pts · 4 H → Corrigé p. 76

› Expliquez le texte suivant.

TEXTE ***Pensées*, Blaise Pascal**

Nous ne tenons jamais au temps présent. Nous anticipons l'avenir comme trop lent à venir, comme pour hâter son cours, ou nous rappelons le passé pour l'arrêter comme trop prompt[1], si imprudents que nous errons dans des temps qui ne sont point nôtres, et ne pensons point au seul qui nous appartient, et si vains[2] que nous songeons à ceux qui ne sont plus rien, et échappons[3] sans réflexion le seul qui subsiste. C'est que le présent d'ordinaire nous blesse. Nous le cachons à notre vue parce qu'il nous afflige[4], et s'il nous est agréable nous regrettons de le voir échapper. Nous tâchons de le soutenir par l'avenir, et pensons à disposer les choses qui ne sont pas en notre puissance pour un temps où nous n'avons aucune assurance d'arriver.

Que chacun examine ses pensées. Il les trouvera toutes occupées au passé ou à l'avenir. Nous ne pensons presque point au présent, et si nous y pensons, ce n'est que pour en prendre la lumière[5] pour disposer de l'avenir. Le présent n'est jamais notre fin. Le passé et le présent sont nos moyens ; le seul avenir est notre fin. Ainsi nous ne vivons jamais, mais nous espérons de vivre, et, nous disposant toujours à être heureux, il est inévitable que nous ne le soyons jamais.

Blaise Pascal, *Pensées,* 1670.

1. *Prompt* : rapide, court.
2. *Vains* : non réfléchis, frivoles.
3. *Échappons* : laissons échapper.
4. *Afflige* : peine, rend malheureux.
5. *Lumière* : ici, connaissance.

La connaissance de la doctrine de l'auteur n'est pas requise. Il faut et il suffit que l'explication rende compte, par la compréhension précise du texte, du problème dont il est question.

Analyser le texte

ÉTAPE 1 Lire le texte

- **Lisez le texte plusieurs fois** attentivement en surlignant les éléments importants et les liens logiques.
- **Repérez les notions en jeu dans le texte :**

– Notion principale : le **temps**.
– Autres notions abordées : le **bonheur**, la **conscience**.

ÉTAPE 2 Comprendre le texte

- **Reformulez les idées du texte** en définissant les termes importants.
- **Pour chaque phrase, demandez-vous :**

– Que fait l'auteur ?
– Que dit l'auteur ?
– Pourquoi dit-il cela ?

› Exercice

Reformulez les idées du premier paragraphe du texte à l'aide de vos propres mots au fur et à mesure de la lecture.

1) « Nous ne tenons jamais au temps présent. »

Le temps présent devient passé au moment où l'on en parle, on ne tient donc plus à lui

2) « Nous anticipons l'avenir comme trop lent à venir, comme pour hâter son cours »

Le fait d'anticiper ce qui arrive, l'avenir, ~~nous~~ paraît ~~le~~ comme le repousser, on attend de voir ce qu'il va se passer

frustration
impatiente

3) « ou nous rappelons le passé pour l'arrêter comme trop prompt »

→ ou à l'inverse on veut arrêter (rapide) le temps pour revenir dans le passé car on a rien pu faire.

Les conseils du prof !

- Le travail d'analyse du texte doit être fait pour chaque phrase.
- Analysez tous les termes, dépliez le texte comme on déplie un éventail : expliquer, c'est montrer ce qui est sous-entendu, **dévoiler le sens véritable** du texte.

- Pourquoi l'avenir peut-il nous paraître « trop lent à venir » ?
- Pourquoi aimerions-nous rester dans le passé ?
- Quels sont les deux sentiments que nous pouvons ressentir dans chacune de ces situations ?

4) « si imprudents que nous errons dans des temps qui ne sont point nôtres, et ne pensons point au seul qui nous appartient »

Pourquoi passé et futur sont-ils des temps qui « ne sont point nôtres » ?

le fait de s'interesser au futur et au passé (pas dans l'instant présent) nous fait oublier le seul "temps" dans lequel on vit : le présent

5) « et si vains que nous songeons à ceux qui ne sont plus rien, et échappons sans réflexion le seul qui subsiste. »

- Quel est le seul temps « qui subsiste » ?
- En quel sens le laissons-nous échapper ?

On se laisse leurrer, par l'illusion du temps et on perd l'accès au présent, à la réalité, comme si on en avait plus conscience

6) « C'est que le présent d'ordinaire nous blesse. »

le présent apporte des choses nouvelles, qui peuvent nous blesser

7) « Nous le cachons à notre vue parce qu'il nous afflige, et s'il nous est agréable nous regrettons de le voir échapper. »

Pourquoi le présent nous affligerait-il ?

le présent est la seule chose qui a un effet si soudain sur nous, il nous afflige, nous abat.

8) « Nous tâchons de le soutenir par l'avenir, et pensons à disposer les choses qui ne sont pas en notre puissance pour un temps où nous n'avons aucune assurance d'arriver. »

Sur quelle caractéristique de l'homme Pascal met-il l'accent lorsqu'il parle d'un « temps où nous n'avons aucune assurance d'arriver » ?

→ "temps où nous n'avons aucune assurance d'arriver" FINITUDE.

Dégager les éléments essentiels du texte

ÉTAPE 1 Repérer les idées importantes et la structure logique du texte

- À partir de l'analyse du texte, **repérez les idées principales**.
- **Dégagez le plan du texte.** Chaque unité de sens correspond à une partie.
- **Voici le plan de ce texte :**

I. Pascal part d'un **constat** : l'homme, constamment tourné vers le passé et l'avenir, ne vit jamais au présent.

II. Puis il donne les **raisons** de cette attitude : parce que le présent est décevant et difficile à vivre, nous préférons nous bercer d'illusions.

III. Enfin, il en tire les **conséquences** : nous ne serons jamais heureux si nous ne changeons pas d'attitude.

ÉTAPE 2 Repérer et formuler la thèse

- La **thèse** est l'idée centrale, celle que défend l'intégralité du texte.
- Pour formuler la thèse, **synthétisez les idées de chaque partie**.

ÉTAPE 3 Repérer et formuler le problème

- Le **problème** est la question à laquelle le texte essaie de répondre ou la question qu'il fait surgir.

› Exercices

1) Précisez quelles sont les lignes qui délimitent les parties du texte en vous aidant du plan donné dans l'encadré ci-dessus.

1re partie : ligne 1 à 7

2e partie : ligne 7 à 12

3e partie : ligne 13 à Fin

2) Formulez la thèse du texte.

Le temps est-il la clé du bonheur ?

L'homme est trop occupé par le passé et le futur qu'il s'interdit l'accès au bonheur.

3) Formulez le problème dont traite le texte.

Peut-on vivre sans avoir conscience du passé et du futur ?

Les conseils du prof !

- Un **paragraphe** ne constitue pas forcément une partie.
- Aidez-vous des **liens logiques** pour délimiter les parties, même si ce n'est pas toujours parce qu'il y a un lien logique que l'on passe d'une partie à une autre.

Le texte porte sur le rapport de l'homme au **temps** et sur le **bonheur**. La thèse porte donc sur le lien entre ces notions.

› Je rédige l'explication de texte

Imprimez votre copie pour rédiger

Dissertation 20 pts 4 H → Corrigé p. 78

› Peut-on parler pour ne rien dire ?

Analyser le sujet

ÉTAPE 1 Repérer et définir les mots-clés

- Le sujet demande d'analyser une expression courante : **« parler pour ne rien dire »**. Demandez-vous ce que l'on entend par là.
- **« Peut-on »** renvoie à deux dimensions :
  - **Est-il possible ?** On se demande si parler revient toujours à dire quelque chose, ou s'il peut y avoir des paroles qui ne disent rien.
  - **A-t-on le droit ?** Le sujet prend de ce point de vue un aspect moral : n'a-t-on pas le devoir de n'user du langage que pour dire quelque chose ?

ÉTAPE 2 Problématiser le sujet

- **Dégagez les différents axes d'analyse.** Reformulez le sujet en définissant ses termes pour en faire apparaître les divers aspects.
- **Identifiez le problème** que pose le sujet. L'expression « parler pour ne rien dire » paraît paradoxale au premier abord, puisqu'on assimile généralement « dire » et « parler ». Le problème repose donc sur le(s) sens de ces termes.

› **Exercice**

Analysez les termes du sujet en répondant aux questions suivantes.

1) Qu'est-ce que « parler » ?

- Au sens strict :

....

....

....

....

....

- Au sens large :

....

....

....

....

....

Les conseils du prof !

Pensez que « parole » est de la même famille que « parler » pour le sens strict. Mais dans un sens plus large, on peut aussi dire qu'un texte parle de ceci ou cela.

2) Que signifie ici le terme « pour » ? Reformulez le sujet en mettant l'accent sur le sens de ce terme et sur la manière dont il oriente la réflexion.

Nombre de mots ou d'expressions sont **polysémiques** : vous devez faire surgir leurs différents sens puisque d'un sens à l'autre, la réponse ne sera pas la même.

3) Quels sens peut avoir l'expression « ne rien dire » ?

Analysez les **divers sens** possibles de « dire ». Vous pouvez partir de phrases qui utilisent ce terme et en analyser le sens.

4) Quels sens peut alors avoir l'expression « parler pour ne rien dire » ?

Partez d'**exemples concrets** : quand dit-on que quelqu'un parle pour ne rien dire ?

5) Problématisez le sujet à partir de l'analyse de ses termes et des idées qu'elle a fait surgir.

Opposez le **paradoxe** de l'expression au fait qu'elle renvoie cependant à une **réalité**, puisqu'on l'utilise. Enfin, interrogez cette réalité : n'est-elle pas mal comprise ?

Approfondir la réflexion sur le sujet

ÉTAPE 1 Identifier les notions en jeu

- Le **langage** est la notion centrale.
- D'autres notions sont à convoquer : la **conscience**, l'**inconscient**, le **devoir**, la **raison**, la **vérité**.

ÉTAPE 2 Mobiliser son cours

- Pensez aux **fonctions du langage** vues en cours.
- Vous devez maîtriser les **définitions du langage**, comme faculté et comme système de signes.
- Le sujet est assez large et permet d'intégrer des connaissances sur les autres notions au programme.

Faites le lien entre les notions, ne réduisez pas votre réflexion à ce que vous avez vu dans le cours sur le langage.

ÉTAPE 3 Construire le plan au brouillon

- **Votre plan doit être progressif.** Partez de l'idée qui vous semble la plus évidente pour ensuite approfondir la réflexion et finir par la thèse que vous soutenez.
- **Rédigez les transitions au brouillon** pour vous assurer de la progressivité de votre réflexion.

› Exercice

Le tableau suivant liste les fonctions du langage. Complétez-le en vous demandant, pour chaque fonction, si l'on peut dire que l'on parle pour ne rien dire et en quel sens on peut le dire.

Fonction	Exemple	But	Lien avec le sujet
Informative	....	Communiquer, transmettre des informations.	On parle pour dire quelque chose, pour transmettre une information.
Expressive	« Ah ! Quel bonheur ! »	Exprimer des sentiments.	....
Conative	« Tu n'as pas honte ? »	Faire réagir l'interlocuteur, faire naître des réactions.	....

Les conseils du prof !

Dans votre copie, ne citez pas toutes ces fonctions, mais choisissez-en quelques-unes à titre d'**exemples**.

Si l'on peut « parler pour ne rien dire », c'est que, par la parole, nous ne cherchons pas à dire quelque chose, mais à **agir** ou à **faire ressentir des émotions**.

Phatique	« Allô ? »	....	Ce qui est important n'est pas ce qui est dit, mais l'interaction : on fait plus qu'on dit en parlant.
Performative	« Je vous marie. »	Agir sur le réel.	....
Poétique	....	Créer un objet poétique, faire ressentir des émotions.	....
Méta-linguistique	« Le terme "indigence" veut dire "pauvreté". »	Parler de la langue.	....
Discursive	Une dissertation, un raisonnement...	Développer et clarifier sa pensée.	....

Si, par la parole, nous cherchons à agir, cela n'a-t-il pas cependant tout de même un **sens** ? Et donc cela ne dit-il pas quelque chose de nous ?

- Distinguez bien les deux sens de « dire » :
  1) **transmettre une information** directement ;
  2) **signifier**, avoir un sens, même caché.
- Par exemple, la **parole délirante** ne dit rien directement puisqu'elle est incohérente, mais elle est le signe d'une pathologie psychique et demande à être interprétée pour que se dévoile son sens caché.

› Je rédige la dissertation

Imprimez votre copie pour rédiger

Dans un souci de clarté, le plan des corrigés est explicité par des titres. Cependant, la copie que vous rédigerez le jour de l'épreuve ne doit en comporter aucun.

Explication de texte → p. 68

Je comprends les corrigés

Exercice 1 : Reformuler les idées du premier paragraphe

1) « Nous ne tenons jamais au temps présent. »
Tenir à quelque chose, c'est y être attaché. Nous délaissons le présent, ne lui accordons pas de valeur. « Nous » désigne les hommes en général. Pascal dénonce ici une attitude courante mais condamnable.

2) « Nous anticipons l'avenir comme trop lent à venir, comme pour hâter son cours »
Première attitude possible : nous sommes tournés vers le futur. Celui-ci est « trop lent à venir » : nous sommes impatients, imaginons ce que sera ce futur et avons hâte qu'il soit là. Nous conférons de la valeur à ce qui n'est pas encore, délaissant alors ce qui est (le présent). C'est l'espérance qui est ici présente : on mise tout sur le futur.

3) « ou nous rappelons le passé pour l'arrêter comme trop prompt »
Seconde attitude possible : si ce n'est pas vers le futur que nous sommes tournés, c'est vers le passé. On se souvient d'un moment heureux qui nous a paru trop court, on aurait voulu qu'il dure toujours. Nous faisons preuve de nostalgie en vivant tournés vers le passé, au détriment du présent.

4) « si imprudents que nous errons dans des temps qui ne sont point nôtres, et ne pensons point au seul qui nous appartient »
Être imprudent, c'est se mettre en danger. En quel sens se met-on en danger en étant soit nostalgique, soit dans l'espérance ? En ne fixant pas notre conscience sur le présent, nous « errons », nous nous égarons, divaguons, parce que nous nous fixons sur « des temps qui ne sont point nôtres ». En effet, le passé n'est plus et le futur n'est pas encore : nous n'avons aucune prise sur ces deux temps. Pascal souligne ici l'impuissance de l'homme face au temps qui passe. Le danger est alors de ne pas jouir de la vie, du moment présent, et donc de ne jamais pouvoir être heureux.

5) « et si vains que nous songeons à ceux qui ne sont plus rien, et échappons sans réflexion le seul qui subsiste. »
En étant tournés vers ce qui n'est pas, nous nous interdisons la prise de conscience de ce qui est, de ce que nous sommes en train de vivre et de ce que nous sommes réellement. Nous sommes dans l'illusion quant à notre condition, nous ne prenons pas conscience de notre finitude et de la nécessaire piété. Le divertissement détourne l'homme de sa finitude et de son rapport à Dieu. Il est absence de conscience. Or, il est toujours dangereux pour l'homme d'agir inconsciemment. Cette attitude fait de l'homme un être vain, c'est à dire un être dont la vie n'a aucun intérêt. En effet, c'est bien futile que de ne vivre qu'en espérant ou en se rappelant : cela relève d'un refus de penser sa finitude.

> **Reformulez les termes**, même ceux dont le sens ne semble pas poser de problème, afin de bien vous approprier le sens du texte.

> Montrez **pourquoi l'avenir est trop lent à venir**.

> « **Ou** » indique une seconde possibilité : distinguez bien les deux cas.

> Interrogez le texte à la lumière de la conceptualisation des termes. Ici, l'analyse du terme « **imprudent** » fait apparaître l'existence d'un danger. Il faut alors se demander ce qui pourrait être dangereux.

> Expliquez **pourquoi passé et futur « ne sont point nôtres »**.

> Il faut montrer **ce qui justifie les propos du texte**. Pour cela, demandez-vous : pourquoi l'auteur dit-il cela ? Que présuppose-t-il ici ?

> **divertissement** : chez Pascal, désigne toute activité visant à détourner l'homme de la réflexion sur sa condition.

6) « C'est que le présent d'ordinaire nous blesse. »
Si nous adoptons cette attitude, c'est pour échapper aux blessures que nous inflige le présent. Quelles sont-elles, ces blessures ? C'est ce que va montrer la suite du texte.

« **C'est que** » annonce une raison : Pascal va montrer pourquoi nous avons tendance à nous bercer d'illusions en nous tournant vers le passé ou l'avenir.

7) « Nous le cachons à notre vue parce qu'il nous afflige, et s'il nous est agréable nous regrettons de le voir échapper. »
Nous préférons nous voiler la face parce que le présent est décevant. Soit parce qu'il nous attriste, n'étant pas à la hauteur de nos espérances ou se révélant difficile à vivre, soit parce qu'il passe trop vite lorsqu'il est agréable, le temps étant un flux irréversible. Le seul moyen de se consoler est alors de tourner ses espoirs vers l'avenir ou de penser au passé : passé et futur sont des refuges illusoires empêchant la prise de conscience ou le regret des événements présents.

Ne perdez pas de vue l'**unité du texte** : faites le lien entre la phrase et les idées déjà exprimées dans le texte.

8) « Nous tâchons de le soutenir par l'avenir, et pensons à disposer les choses qui ne sont pas en notre puissance pour un temps où nous n'avons aucune assurance d'arriver. »
La plupart du temps, le futur est ce en quoi l'on projette le fait de revivre un moment passé heureux ou de continuer à vivre un moment présent heureux qui s'enfuit déjà. Ainsi, c'est plus souvent vers l'avenir que vers le passé que nous sommes tournés, dans la mesure où le bonheur est toujours projeté pour plus tard, dans l'avenir. Pourtant, nous n'avons jamais l'assurance d'arriver dans le futur, d'autant plus que le futur, lorsqu'il est là, est présent et non plus futur, si bien que l'homme se contredit lorsqu'il se projette ainsi constamment. La raison du divertissement est donc bien le refus de penser sa finitude et sa condition, la tendance de l'homme à toujours vouloir plus et donc à ne pas profiter de ce qu'il possède déjà.

Pascal souligne ici notre **impuissance face au temps** et notre **finitude**, deux éléments difficiles à accepter et que nous préférons « oublier » en nous projetant dans le futur ou dans le passé.

Exercice 2 : Repérer les éléments essentiels du texte

1) Le plan du texte :
1re partie : ligne 1 à 7
2e partie : ligne 7 à 12
3e partie : ligne 13 à la fin

Relevez les indices du passage d'une partie à une autre :
- De la première à la deuxième partie : « c'est que » montre que l'on va expliquer pourquoi on adopte l'attitude décrite dans la première partie.
- De la deuxième à la troisième partie : le fait qu'il y ait un nouveau paragraphe nous met sur la voie.

2) La thèse du texte :
L'homme ne vit jamais dans l'instant présent, mais il est toujours écartelé entre le passé et l'avenir, s'interdisant, du fait de sa conscience divertie, l'accès au bonheur.

3) Le problème dont traite le texte :
Pascal affirme que l'homme, ne vivant qu'en vue du futur, de ce qui n'est pas encore, se condamne à ne pas être heureux. Mais peut-on vivre sans vision du futur, sans projet, simplement au présent ? Les projets nous empêchent-ils vraiment d'être heureux ? Ne sont-ils pas au contraire l'aiguillon de toute action, et l'attente n'est-elle pas plus plaisante que la satisfaction même du désir ? Le divertissement, par ailleurs, n'est-il pas nécessaire ? L'homme vivant constamment dans le présent serait-il heureux ? N'est-ce pas le propre de l'homme que d'être toujours projet ? De toujours se dépasser ?

- Mettre en évidence le problème philosophique consiste à montrer que la **thèse** peut être interrogée, qu'elle ne constitue pas la seule solution possible.
- En revanche, cela ne revient pas à remettre systématiquement en question la thèse : peut-être répond-elle mieux au problème que la thèse adverse.

Plan détaillé

I. L'homme est toujours tourné vers le passé ou vers l'avenir et néglige le présent.

A) L'homme est tourné vers l'avenir.

B) Ou vers le passé.

C) En conséquence, il fait preuve d'imprudence et de vanité.

II. Pourquoi l'homme refuse-t-il de vivre dans le présent ?

A) Parce que le présent déçoit.

B) Et s'il ne déçoit pas, on craint de voir le moment heureux s'enfuir.

C) Par conséquent, nous plaçons tous nos espoirs dans l'avenir, alors même que nous n'avons aucune certitude d'y arriver.

III. Il faut changer notre attitude, sans quoi nous ne serons jamais heureux.

A) Les faits confirment la thèse. C'est ce que veut montrer Pascal en appelant chacun à réfléchir sur lui-même et sur son rapport au bonheur.

B) Le divertissement n'est pas une existence authentique : il empêche de vivre le présent pour lui-même. Seul l'avenir est notre but alors qu'il n'est pas encore.

C) En espérant le bonheur toujours dans le futur, on ne peut vivre celui-ci, puisque vivre se fait au présent : on risque de manquer le moment heureux dans le présent. L'homme n'est jamais heureux, parce qu'il est toujours tourné vers ce qui n'est pas encore.

Dissertation → p. 72

Exercice 1 : Analyser les termes du sujet

1) Sens strict de « parler » : user d'un langage articulé, proférer des paroles. Sens large de « parler » : faire usage d'un langage en général. Cela peut être un langage parlé, écrit, gestuel... En ce sens, on peut dire par exemple que le texte de Pascal p. 68 parle de la manière dont l'homme appréhende le temps et des conséquences que cela a pour son bonheur.

2) « Pour » signifie ici « en vue de » : on interroge le but du langage. Pourquoi parlons-nous ? En vue de quoi ? Quelle est la fonction du langage ? Quelles sont les finalités de la parole ?

3) En un premier sens, « dire » signifie « exprimer par la parole ». En ce sens, on dit quelque chose dès que l'on parle, puisque parler consiste à user de la parole.
Mais en un second sens, « dire » consiste à signifier quelque chose, transmettre un sens, communiquer une information. Par conséquent, si l'on peut parler pour ne rien dire, c'est que nos paroles ne signifient rien. « Ne rien dire », c'est aussi n'apporter aucun élément pertinent ou important. Une parole insignifiante ne dit rien.

> L'analyse du terme « **pour** » permet de cerner le problème central auquel renvoie le sujet, à savoir celui de la fonction du langage.

> Distinguer les deux sens de « dire » permet de faire progresser l'analyse : s'il arrive que nos paroles ne disent rien dans le **premier sens**, elles doivent en revanche avoir une signification dans le **second sens**.

4) « Parler pour ne rien dire » peut donc signifier :
- proférer des paroles inutiles, sans intérêt ;
- user du langage de manière délirante, sans qu'on ne comprenne le sens de ce qui est proféré ;
- ne communiquer aucune information et ne véhiculer aucun sens alors qu'on use d'un système de signes.

5) Si l'on parle, c'est *a priori* d'abord pour communiquer avec autrui, transmettre des informations. Néanmoins, certaines paroles peuvent être insignifiantes, soit parce qu'elles sont dénuées de sens (la parole qu'on ne comprend pas), soit parce qu'elles sont futiles (le bavardage, lorsqu'on « parle de tout et de rien »). On dira en ce sens que l'on parle pour ne rien dire. Mais n'y a-t-il pas, derrière cette apparente absence de sens et d'utilité, un sens caché ? Est-il possible de proférer des paroles totalement dénuées de sens ? Et a-t-on le droit, moralement parlant, d'user du langage de manière vaine ?

- **système de signes** : langage au sens large du terme. On parle ainsi des langues parlées et écrites, mais aussi de la langue des signes française, par exemple.
- Un signe est l'union d'un signifiant (forme graphique, phonique ou gestuelle) et d'un signifié (concept).

Exercice 2 : Compléter le tableau des fonctions du langage

Fonction	Exemple	But	Lien avec le sujet
Informative	« Le chat est sur le canapé. »	Communiquer, transmettre des informations.	On parle pour dire quelque chose, pour transmettre une information.
Expressive	« Ah ! Quel bonheur ! »	Exprimer des sentiments.	On parle pour transmettre ce que l'on ressent : on dit bien quelque chose.
Conative	« Tu n'as pas honte ? »	Faire réagir l'interlocuteur, faire naître des réactions.	On parle non pas pour dire, mais pour faire réagir. Néanmoins, on signifie tout de même quelque chose (sa réprobation, par exemple).
Phatique	« Allô ? »	Établir un lien avec l'interlocuteur.	Ce qui est important n'est pas ce qui est dit, mais l'interaction : on fait plus qu'on dit en parlant.
Performative	« Je vous marie. »	Agir sur le réel.	On réalise une action plutôt que de communiquer une information.
Poétique	« Le ciel est bleu comme une orange. »	Créer un objet poétique, faire ressentir des émotions.	On parle d'abord pour célébrer la langue, et non pour dire quelque chose. Secondairement, un poème peut cependant véhiculer du sens et donc dire quelque chose.
Méta-linguistique	« Le terme "indigence" veut dire "pauvreté". »	Parler de la langue.	On dit quelque chose, on transmet une information sur la langue.
Discursive	Une dissertation, un raisonnement…	Développer et clarifier sa pensée.	On ne parle pas pour dire quelque chose, mais pour avoir ensuite quelque chose à dire. Cela signifie l'existence de la pensée.

Plan détaillé

I. Si l'on parle, c'est d'abord pour dire quelque chose.

A) Le langage comme moyen d'expression verbale de la pensée.

B) Le langage, vecteur de communication et d'information.

> Dans les deux premières parties, « dire » est pris dans le sens de **communiquer des informations directement**.

II. Mais il arrive aussi qu'on parle pour ne rien dire.

A) Quand la parole est dénuée de sens, délirante.

> La notion d'**inconscient** doit intervenir dans ce paragraphe.

B) Le bavardage : on signifie quelque chose par une parole insignifiante, on profère des paroles qui n'ont pas pour but d'informer, de dire réellement quelque chose.

C) On peut parler pour faire, et non pour dire.

> Montrez ici que le langage a aussi une **fonction phatique, conative et performative.**

D) La fonction poétique du langage.

III. Néanmoins, même si la parole est insignifiante ou incohérente, ne dit-elle pas quand même quelque chose ? N'a-t-elle pas un sens ?

A) La parole dénuée de sens *a priori* est à interpréter.

> C'est le travail du **psychanalyste**.

B) Le bavardage exprime une recherche de lien avec autrui.

C) La fonction phatique du langage : on ne dit rien d'important, mais on exprime un lien.

D) La poésie exprime un monde, des sentiments.

SUJET 6

20 pts 4 H

La liberté

EXPLICATION DE TEXTE *Traité théologico-politique,* Baruch Spinoza 82

Perspective La morale et la politique

La raison

DISSERTATION Raisonne-t-on bien quand on veut avoir raison à tout prix ? 86

Perspective La connaissance

› **CORRIGÉS** 89

EXPLICATION DE TEXTE

20 pts 4 H → Corrigé p. 89

› Expliquez le texte suivant.

TEXTE ***Traité théologico-politique*, Baruch Spinoza**

Puisque le libre jugement des hommes est extrêmement divers, que chacun pense être seul à tout savoir et qu'il est impossible que tous donnent la même opinion et parlent d'une seule bouche, ils ne pourraient vivre en paix si l'individu n'avait renoncé à son droit d'agir suivant le seul décret[1] de sa pensée. C'est donc seulement au droit d'agir par son propre décret qu'il a renoncé, non au droit de raisonner et de juger ; par suite nul à la vérité ne peut, sans danger pour le droit du souverain[2], agir contre son décret, mais il peut avec une entière liberté donner son opinion et juger et en conséquence aussi parler, pourvu qu'il n'aille pas au-delà de la simple parole ou de l'enseignement, et qu'il défende son opinion par la Raison seule, non par la ruse, la colère ou la haine, ni dans l'intention de changer quoi que ce soit dans l'État de l'autorité de son propre décret.

Baruch Spinoza, *Traité théologico-politique,* 1670.

1. *Décret* : décision, volonté.
2. *Souverain* : selon Spinoza, autorité individuelle ou collective à qui seule « il appartient de faire des lois ».

La connaissance de la doctrine de l'auteur n'est pas requise. Il faut et il suffit que l'explication rende compte, par la compréhension précise du texte, du problème dont il est question.

Analyser le texte

ÉTAPE 1 Lire le texte

- **Lisez le texte plusieurs fois** afin d'en saisir le sens général. Ce texte demande une attention particulière pour être correctement compris.
- **Repérez les notions en jeu dans le texte.** Ce texte porte sur la **liberté**, et plus particulièrement sur la liberté d'expression, sur la **raison** et sur l'**État**.

ÉTAPE 2 Comprendre le texte

- **Reformulez les idées, phrase par phrase.** Si une phrase vous semble trop complexe, analysez d'abord ses parties, puis reconstituez-en le sens global.
- **Relevez et analysez les termes-clés et les distinctions conceptuelles :**
  - **« Agir suivant le seul décret de sa pensée »** consiste à agir à sa guise, en ne suivant que ses propres intérêts égoïstes.
  - Soyez attentif à la distinction qu'opère Spinoza entre le **« droit d'agir par son propre décret »**, le **« droit de raisonner et de juger »**, et le droit de **« donner son opinion »**.
  - La fin du texte oppose la « Raison » à « la ruse, la colère ou la haine ». Cela renvoie à la distinction classique entre la **raison** et les **passions**.
- **Interrogez les propos du texte.** Demandez-vous :
  - Quels sont les présupposés des idées énoncées ?
  - Quelles sont leurs implications ?
  - Qu'est-ce qui les justifie ?

› Exercice

Complétez le tableau suivant en relevant les termes du texte qui permettent de saisir les notions en jeu.

Notion	Mots du texte en lien avec la notion
Liberté	« libre » (l. 1)
Raison	« jugement » (l. 1)
État	

Les conseils du prof !

- Analyser les **champs lexicaux** du texte permet de mieux cerner les notions dont traite le texte.
- Pensez que les notions sont liées entre elles et qu'il n'est pas rare qu'un texte renvoie à plusieurs notions.

Dégager les éléments essentiels du texte

ÉTAPE 1 Repérer les idées importantes et la structure logique du texte

- **Analysez les connecteurs logiques** pour comprendre la structure du texte.
- **Dégagez le raisonnement du texte :**
  – La vie sociale exige qu'on limite sa liberté d'action : les hommes ayant des opinions diverses, ils ne pourraient vivre en paix si chacun agissait à son gré.
  – En revanche, chacun doit être libre de penser et d'exprimer ses pensées.
  – À condition, cependant, que cette expression soit raisonnable et rationnelle.

ÉTAPE 2 Repérer et formuler la thèse

- **Spinoza défend la liberté d'expression.** Une lecture trop rapide du texte pourrait faire penser qu'il la limite par des conditions (« pourvu que »).
- Mais c'est que la vraie liberté d'expression suppose que ce que l'on aie à exprimer :
  – ne relève pas des passions (« ruse », « colère », « haine ») ;
  – reste une simple expression, non une action (« ni dans l'intention de changer quoi que ce soit dans l'État de l'autorité de son propre décret »).

ÉTAPE 3 Repérer et formuler le problème

- **Interrogez la thèse pour comprendre à quel problème renvoie le texte :**
  – La liberté d'expression doit-elle être illimitée ?
  – N'y a-t-il pas des propos diffamatoires, par exemple, qui devraient être interdits ?
  – Exprimer des idées non raisonnables, est-ce vraiment être libre ?

› Exercice

Relevez les connecteurs logiques du texte, puis donnez leur fonction.

Connecteur logique	Fonction
« Puisque » (l. 1)	Annonce une raison, une justification.
« si » (l. 4)	Annonce une condition.
« par suite » (l. 7)	
	Annonce une conséquence.
« ni » (l. 12)	Annonce une seconde distinction.

Les conseils du prof !

- Les **connecteurs logiques** sont des termes qui permettent de lier les idées entre elles. Les repérer permet de comprendre les relations logiques qu'entretiennent les idées du texte.
- Relevez les connecteurs logiques dans leur **ordre d'apparition** dans le texte pour remplir correctement ce tableau.

Rédiger l'explication de texte

ÉTAPE 1 Rédiger l'introduction

- **L'introduction doit être rédigée au brouillon.** Elle doit présenter la **thèse** du texte, le **problème** auquel il renvoie, et son **plan**.
- Pour amener le problème de la limitation ou non de la liberté d'expression, on peut partir de l'article 11 de la Déclaration des droits de l'homme et du citoyen de 1789 : « La libre communication des pensées et des opinions est un des droits les plus précieux de l'homme. »

ÉTAPE 2 Rédiger le développement

- **Conceptualisez les termes importants :** définissez-les, donnez-en le sens. Appuyez-vous sur ces conceptualisations pour justifier les idées du texte.
- **Mettez en évidence les distinctions conceptuelles** présentes dans le texte.

ÉTAPE 3 Rédiger la conclusion

- Dans la conclusion, rappelez les **idées principales** du texte, le **problème** dont il traite, et son **enjeu**.

› Exercice

Expliquez les passages suivants.

1) « Il peut avec une entière liberté donner son opinion et juger et en conséquence aussi parler. » (l. 9-10)

....

....

....

....

....

....

2) « ni dans l'intention de changer quoi que ce soit dans l'État de l'autorité de son propre décret. » (l. 12 à 14)

....

....

....

....

....

....

› Je rédige l'explication de texte

Imprimez votre copie pour rédiger

Les conseils du prof !

- Faites le lien avec l'idée précédant ce passage.
- Donnez des **exemples** d'opinions et montrez pourquoi cette liberté est importante.

Expliquer, c'est **clarifier**, faire surgir ce qui n'était qu'implicite.

- Dans votre devoir, soignez l'**orthographe** et la **syntaxe**.
- Ne faites pas des phrases trop longues, vous gagnerez en clarté.

Dissertation 20 pts 4 H

→ Corrigé p. 92

› Raisonne-t-on bien quand on veut avoir raison à tout prix ?

Analyser le sujet

ÉTAPE 1 Comprendre le sujet

- **Définissez les termes du sujet :**
  - **« Raisonner »** signifie « combiner des jugements en respectant les règles de la logique ». Bien raisonner, c'est organiser ses pensées de manière cohérente, **distinguer le vrai du faux** (domaine théorique) et **le bien du mal** (domaine pratique).
  - **« Avoir raison »** : cette expression désigne d'abord le fait de **posséder la vérité**, d'énoncer un jugement que l'on peut vérifier dans la réalité ou justifier par des moyens logiques. Mais dans son usage courant, l'expression renvoie à l'idée de **domination** d'une individualité : dire que l'on a raison, c'est aussi affirmer que les autres ont tort et donc se poser comme détenteur d'une vérité supérieure.
- **Clarifiez le sujet.** Le sujet interroge les conditions d'un bon raisonnement. Il faudra donc se demander ce que signifie « bien raisonner ».

ÉTAPE 2 Problématiser le sujet

- Le **problème** repose sur la polysémie de l'expression « vouloir avoir raison ».
- Vous devez donc analyser les **conséquences** des deux attitudes que peut signifier cette expression :
  - D'abord, vouloir posséder le vrai est nécessaire pour bien raisonner (**point de vue théorique**).
  - Cependant, l'expression désigne aussi un désir de domination qui pervertit le raisonnement (**point de vue moral**).

› Exercice

Analysez les expressions suivantes, puis faites le lien avec le sujet : quelles thèses permettent-elles de soutenir ?

Expression	Sens de l'expression	Lien avec le sujet
« Avoir raison de quelqu'un »	....	....
« La raison d'État »	....	....
« Donner raison à quelqu'un »	....	....
« La raison du plus fort est toujours la meilleure »	....	....

Les conseils du prof !

- Analysez d'abord chaque terme pour lui-même : dégagez ses **sens possibles** en utilisant votre cours. Puis pensez aux **termes opposés** ou **proches**, aux **expressions** qui le contiennent…
- Demandez-vous dans quelles conditions on utilise ces expressions pour bien cerner leur sens.

Approfondir la réflexion sur le sujet

ÉTAPE 1 Identifier les notions en jeu

- La **raison** est la notion centrale.
- La **vérité** entre en jeu, puisque bien raisonner devrait permettre d'arriver à la vérité et que vouloir avoir raison consiste à vouloir trouver la vérité.
- La **perspective morale** doit être analysée : si l'on veut avoir raison, n'est-ce pas que l'on veut dominer autrui ? Vouloir le dominer « à tout prix », c'est-à-dire par n'importe quel moyen, n'est-ce pas courir le risque du fanatisme ? On peut penser aux guerres de religion.

ÉTAPE 2 Mobiliser son cours

- **Identifiez les repères à exploiter.** On peut distinguer bons et mauvais raisonnements en montrant que **persuader** n'est pas **convaincre**.
- **Listez les auteurs** que vous pouvez convoquer :
  – Pour développer l'idée selon laquelle bien raisonner suppose un effort et donc une volonté d'accéder au vrai, on peut faire référence à **Descartes**.
  – **Kant**, dans la *Critique de la raison pure*, montre que le raisonnement a des limites, que si la raison cherche à avoir raison à tout prix sans s'interroger sur elle-même, elle est vouée à des contradictions sans fin.

› Exercice

Rédigez un paragraphe qui montre que l'on ne raisonne pas bien quand, voulant avoir raison à tout prix, on cherche à persuader autrui.

Les conseils du prof !

- Distinguez **persuader** et **convaincre** : persuader consiste à emporter l'adhésion d'autrui par les sentiments, alors que convaincre suppose que l'on expose de véritables arguments.
- Montrez qu'il vaut mieux chercher à convaincre qu'à persuader.
- Vous pouvez vous inspirer du conflit qui oppose **Socrate** aux **sophistes** dans l'utilisation qu'ils font du langage.

Élaborer un plan

ÉTAPE 1 **Construire le plan au brouillon**

- **Chaque partie doit défendre une idée**, une thèse qui répond à la question.
- Comme « vouloir avoir raison » peut avoir deux sens différents qui appellent **deux réponses opposées** à la question, on peut faire une première partie qui analyse le premier sens et une deuxième partie qui analyse le deuxième sens. En troisième partie, il faudra alors questionner les conditions d'un bon raisonnement.
- **Listez et ordonnez vos arguments** en faveur de chaque thèse, du plus évident au plus complexe.

ÉTAPE 2 **Rédiger les transitions**

- **Les transitions assurent le passage d'une partie à la suivante.** Vous devez les rédiger au brouillon.
- Les transitions vous permettent de vérifier que votre analyse est bien **progressive** et donc que votre plan est correct.

› Exercice

Répondez aux questions suivantes pour compléter le plan et identifier les arguments correspondant à chaque partie.

I. Il faut vouloir avoir raison pour bien raisonner.
Quel sens a ici « vouloir avoir raison » ?

....

Pourquoi est-ce nécessaire pour bien raisonner ?

....

....

II. Mais en un autre sens, vouloir avoir raison à tout prix peut nous empêcher de bien raisonner.
Quel sens a ici « vouloir avoir raison » ?

....

Pourquoi cela nous empêcherait-il de bien raisonner ?

....

....

III. Quelles sont alors les conditions d'un bon raisonnement ?

1re condition : ....

....

2e condition : ....

....

Les conseils du prof !

Demandez-vous pourquoi, si l'on ne veut pas avoir raison, on risque de mal raisonner.

Utilisez la distinction entre **persuader** et **convaincre**.

- Demandez-vous ce qu'est un bon raisonnement et ce qu'il faut faire pour éviter de se tromper.
- Vous pouvez vous appuyer sur la distinction entre ce qui est **rationnel** et ce qui est **raisonnable**.

› Je rédige la dissertation

Imprimez votre copie pour rédiger

Dans un souci de clarté, le plan des corrigés est explicité par des titres.
Cependant, la copie que vous rédigerez le jour de l'épreuve ne doit en comporter aucun.

Explication de texte

→ p. 82

Je comprends les corrigés

Exercice 1 : Relever les champs lexicaux

Notion	Mots du texte en lien avec la notion
Liberté	« libre » (l. 1), « droit » (l. 5, 6 et 7), « décret » (l. 5, 6, 8 et 14), « liberté » (l. 9).
Raison	« jugement » (l. 1), « savoir » (l. 2), « opinion » (l. 3 et 9), « raisonner » (l. 7), « juger » (l. 7 et 9), « Raison » (l. 12).
État	« paix » (l. 4), « droit » (l. 5, 6 et 7), « souverain » (l. 8), « État » (l. 13).

Un **champ lexical** est un ensemble de termes qui renvoient à une même notion. Les repérer permet de déterminer les notions qui sont en jeu dans le sujet et d'élargir sa réflexion sur le texte.

Exercice 2 : Relever les connecteurs logiques et donner leur fonction

Connecteur logique	Fonction
« Puisque » (l. 1)	Annonce une raison, une justification.
« si » (l. 4)	Annonce une condition.
« donc » (l. 5)	Annonce une conséquence.
« non » (l. 6)	Annonce une distinction.
« par suite » (l. 7)	Annonce une déduction, une conséquence.
« en conséquence » (l. 10)	Annonce une conséquence.
« pourvu que » (l. 10)	Annonce une condition.
« et que » (l. 11)	Annonce une seconde condition.
« non » (l. 12)	Annonce une distinction.
« ni » (l. 12)	Annonce une seconde distinction.

- Repérer les **connecteurs logiques** vous permettra de mieux comprendre comment les idées sont liées entre elles et de rendre compte de l'unité du texte.
- Lorsque vous expliquez un texte, mettez en évidence les liens entre les idées en utilisant régulièrement des connecteurs logiques.

Exercice 3 : Expliquer deux passages du texte

1) « Il peut avec une entière liberté donner son opinion et juger et en conséquence aussi parler. » (l. 9-10)

Pour vivre en société, l'homme abandonne son droit d'agir à sa guise, mais non son droit de penser et d'avoir des opinions, par exemple des convictions philosophiques ou religieuses. Il a, par suite, également le droit de « parler », c'est-à-dire d'exhiber publiquement ses idées par voie orale ou écrite. Spinoza vise à préserver la laïcité, qui suppose une autonomie du politique par rapport au religieux et l'indépendance de la philosophie par rapport à la théologie et à la politique. La garantie de ce droit de penser et de communiquer ses idées est une des conditions majeures de la démocratie.

On rappelle d'abord **ce qui vient d'être dit**, puis on montre le **lien logique** avec l'idée que l'on va expliquer.

N'hésitez pas à **prendre des exemples** pour ancrer la réflexion dans le réel.

On conceptualise le terme « **parler** ».

On montre l'**enjeu** de ce passage.

2) « ni dans l'intention de changer quoi que ce soit dans l'État de l'autorité de son propre décret. » (l. 12 à 14).

Cette liberté d'expression ne doit cependant pas être utilisée en vue de renverser le pouvoir politique. L'homme agirait ainsi selon son propre décret qu'il considèrerait supérieur à celui du souverain, et ce de manière illégitime. Par ailleurs, il se contredirait lui-même : c'est volontairement, et conformément à sa raison, qu'il abandonne son droit d'agir comme il l'entend afin de vivre en paix avec autrui. Si, par son expression, il remet en cause ce qui garantit la paix, il renonce en même temps aux termes du contrat politique et agit contre sa propre raison.

Plan détaillé

Introduction rédigée

Selon l'article 10 de la Déclaration des droits de l'homme et du citoyen de 1789, « nul ne doit être inquiété pour ses opinions, même religieuses, pourvu que leur manifestation ne trouble pas l'ordre public établi par la loi ». L'article 11 ajoute que « la libre communication des pensées et des opinions est un des droits les plus précieux de l'homme ». Mais peut-on tout exprimer ? Ne faut-il pas limiter la liberté d'expression au regard de certaines propagandes racistes, par exemple, prônant haine et colère ? Tel est le problème auquel s'intéresse Spinoza dans cet extrait du *Traité théologico-politique*. Il montre que la liberté de penser et d'exprimer ses pensées, tant qu'elle est vraiment liberté, c'est-à-dire conforme à la raison, doit être illimitée. Si la vie en société suppose bien que chacun renonce à agir à son gré (l. 1 à 5), en revanche, la liberté de penser et de communiquer publiquement ses idées ne doit connaître aucune limite (l. 5 à 10). Cependant, la liberté d'expression doit être garantie tant qu'elle ne déstabilise pas intentionnellement le pouvoir et la paix qu'il assure. La pensée et l'expression sont en effet libres dans la mesure où elles sont conformes aux exigences de la raison et où elles n'émanent pas de passions tristes et aliénantes comme la ruse, la colère ou la haine (l. 10 à la fin).

- L'**accroche** amène le **problème** dont traite le texte.
- Puis on présente le texte en précisant son **auteur** et l'**ouvrage** d'où il est extrait.

La **thèse** est reformulée.

On présente le plan du texte en respectant les exigences suivantes :
- On précise les **lignes** qui délimitent chaque partie.
- On donne de manière synthétique l'**idée** de chaque partie.
- On met en évidence les liens logiques entre chaque partie en utilisant des **connecteurs logiques**.

I. Pour que les hommes puissent vivre en paix en société, ils doivent renoncer à leur liberté d'agir selon leurs envies.

A) Les hommes ont des opinions différentes.
On peut ici préciser ce qui justifie cette diversité : tous ne jugent pas selon la raison. Nos opinions sont influencées par notre éducation, notre culture, notre entourage, nos intérêts...

B) Cette diversité d'opinions menace la vie sociale. Les opinions sont sources de conflits lorsque chacun agit à sa guise, croyant avoir raison. On peut ici faire référence à Hobbes et à son analyse de l'état de nature, dans lequel « l'homme est un loup pour l'homme ». On peut aussi se référer à Kant et à sa réflexion sur l'insociable sociabilité de l'homme.

C) Par conséquent, chacun doit renoncer à sa liberté d'action et respecter les lois.

état de nature : selon Hobbes, état précédant la mise en place des lois et de l'État. Les hommes, naturellement égoïstes, y vivent dans un état de guerre de chacun contre chacun. Les lois sont alors nécessaires pour instaurer la sécurité.

insociable sociabilité : pour Kant, l'homme est insociable dans la mesure où il ne veut pas voir sa liberté limitée par autrui. Mais il est également sociable dans la mesure où il sent bien que la vie en société apporte des avantages.

II. Mais cela n'implique pas que l'individu se dessaisisse de son droit de penser et de s'exprimer.

A) Il faut distinguer la liberté d'action de la liberté de penser et de s'exprimer.

B) La liberté d'expression est nécessaire pour permettre la liberté de penser. La censure interdit la réflexion. Comme Spinoza, Kant, dans *Qu'est-ce que s'orienter dans la pensée ?*, réfléchit aux conséquences de la censure et conclut que limiter la liberté d'expression revient à abolir la liberté de penser, puisqu'on ne peut penser véritablement qu'en confrontant ses idées à celles d'autrui.

N'hésitez pas à convoquer d'**autres auteurs** pour éclairer le sens du texte ou nourrir votre réflexion.

C) Exprimer ses idées ne peut déstabiliser le pouvoir si celui-ci est légitime. Au contraire, cela peut même le renforcer.
On peut ici se référer à Sénèque qui, conseillant Néron sur la conduite à tenir face à ses opposants politiques, écrit que l'intolérance est un signe de faiblesse : en réprimant ses opposants, on montre par là qu'on les craint.

Dans *De la clémence*, **Sénèque** explique qu'un pouvoir politique est d'autant plus fort qu'il laisse s'exprimer les oppositions.

III. Reste qu'il faut bien comprendre ce qu'est une réelle liberté d'expression.

A) La liberté d'expression n'est pas liberté d'agir. Mais les paroles n'ont-elles pas toujours des impacts sur la réalité, ne sont-elles pas toujours en un sens des actions ?

B) La pensée et l'expression issues des passions ne sont pas libres. Être libre, ce n'est pas tant pouvoir agir sans contrainte et à sa guise qu'agir conformément à la raison, de manière autonome. La parole libre émane de la raison : s'exprimer par colère, ruse ou haine, c'est être en proie aux passions tristes et donc ne pas être maître de soi. On peut ici distinguer la liberté de la licence.

La **liberté** suppose qu'on se limite soi-même, tandis que la **licence** consiste à agir sans aucune limite et, souvent, de manière déraisonnable.

C) Par conséquent, toute expression visant à déstabiliser la paix doit être censurée. Si l'on exprime son désaccord face à l'injustice, ce doit être raisonnablement, en vue d'instaurer un dialogue avec le pouvoir, non de le déstabiliser.

Dissertation → p. 86

Corrigé rédigé

Introduction

Lors d'une discussion, il nous arrive fréquemment de vouloir avoir raison. Cependant, dire « j'ai raison », c'est affirmer, d'une part, que l'on possède la vérité et, d'autre part, que ce jugement par lequel nous prétendons avoir raison a plus de valeur que tout autre raisonnement. Il apparaît dès lors que vouloir avoir raison à tout prix crée une impulsion déterminante dans la recherche de la vérité, mais aussi une opposition à autrui. En tant que faculté de distinguer le vrai du faux, la raison détermine la possibilité d'un accord des esprits entre eux. Mais elle semble aussi être le moyen par lequel une individualité s'affirme contre une autre. Comment comprendre ce paradoxe ? La volonté d'avoir raison à tout prix implique-t-elle une défaillance du raisonnement ? Raisonne-t-on bien quand on veut avoir raison à tout prix ? Si « vouloir avoir raison à tout prix » signifie « vouloir trouver la vérité », il faut en effet vouloir avoir raison pour bien raisonner : le raisonnement se donnant pour but la vérité, il doit d'abord être mû par le désir de trouver cette dernière. Cependant, ce n'est pas toujours la vérité que l'on recherche lorsque l'on veut avoir raison à tout prix, mais plutôt l'affirmation de notre supériorité par rapport à autrui. N'y a-t-il pas, dès lors, risque de perversion du raisonnement ? Quelles sont les conditions d'un raisonnement bien conduit ?

> Pour **amener le sujet**, on part de l'analyse de l'expression « vouloir avoir raison » pour montrer qu'elle peut renvoyer à deux sens bien distincts et donc à un paradoxe.

> On reformule et on pose le **sujet**.

> On conceptualise les termes du sujet. « Vouloir avoir raison à tout prix » ayant **deux sens différents**, chaque sens donne lieu à une réponse différente à la question.

I. Vouloir avoir raison est nécessaire pour bien raisonner

Il apparaît d'abord que la raison doive être guidée par la volonté d'avoir raison, par la recherche de la vérité. La raison, selon Descartes, est « la puissance de bien juger, et de distinguer le vrai d'avec le faux », faculté dont il dit qu'elle est « la chose du monde la mieux partagée » : chacun possède la raison et devrait pouvoir accéder à la vérité. Comment, dès lors, expliquer que les hommes ne s'accordent pas sur ce qui est vrai ? Car si la raison est une faculté universelle, tous devraient avoir raison. C'est que tous n'usent pas comme il le faudrait de cette faculté : « Ce n'est pas assez d'avoir l'esprit bon, mais le principal est de l'appliquer bien. » Pour bien raisonner, il faudrait vouloir avoir raison à tout prix, c'est-à-dire ne pas se contenter des idées toutes faites et des pseudo-raisonnements faciles, souvent erronés. C'est seulement à ce prix que l'on peut accéder à la vérité.

> Interrogez-vous et montrez les **problèmes** que posent les thèses que vous soutenez.

Bien raisonner demande donc un effort qui ne peut être motivé que par la volonté de découvrir la vérité. C'est ainsi que Descartes entreprend de douter, d'aller contre ses anciennes opinions pour reconstruire la science. Il pose quatre règles à respecter pour bien raisonner : la règle de l'évidence, la règle de l'analyse, la règle de la synthèse et la règle de l'énumération. Vouloir avoir raison à tout prix semble donc nécessaire pour bien raisonner, dans la mesure où bien conduire sa raison demande un véritable engagement, une discipline et une patience qui contredisent la facilité que l'on ressent à adhérer aux préjugés et opinions qui s'offrent naturellement à nous.

> - **règle de l'évidence** : n'admettre pour vrai que ce que l'on conçoit clairement et distinctement.
> - **règle de l'analyse** : diviser la difficulté en autant de parties qu'elle comporte.
> - **règle de la synthèse** : reconstituer l'ensemble à partir des éléments.
> - **règle de l'énumération** : s'assurer que la question a été traitée de manière exhaustive.

Ainsi, contrairement aux raisonnements faciles et douteux, le bon usage de la raison requiert la volonté d'accéder à la vérité. Il semble alors que ce soit justement quand on veut avoir raison que l'on raisonne bien. Mais vouloir avoir raison « à tout prix », c'est peut-être aussi aller au-delà de la volonté de vérité.

La **transition** opère le passage de la première à la deuxième partie en précisant que « vouloir avoir raison à tout prix » peut avoir un autre sens.

II. Cependant, l'expression « vouloir avoir raison à tout prix » désigne bien plus souvent un désir de domination qui pervertit le raisonnement

Si Descartes recommande une méthode pour bien raisonner, c'est que l'on peut mal raisonner. Et c'est peut-être justement le désir d'avoir raison à tout prix qui pervertit la raison. En effet, dans une discussion, il arrive souvent que chacun cherche à avoir raison, non par amour pour la vérité, mais par volonté de dominer l'autre. Et puisque l'on cherche à avoir raison « à tout prix », tous les moyens sont bons pour y parvenir, y compris le sacrifice de la vérité elle-même. Par un glissement de sens, vouloir avoir raison à tout prix empêche donc de bien raisonner.

Ici, on réexamine l'expression « avoir raison à tout prix » pour préciser quel est le **second sens** qu'elle peut avoir. Cela permet d'examiner la question sous une autre perspective, de ne pas s'en tenir à ce qui semblait évident.

Le bon raisonnement se donne pour but l'établissement de la vérité. Tout raisonnement bien conduit n'a pas à s'imposer comme supérieur, mais doit être reconnu par autrui comme valable. Dès lors, il y a contradiction entre « bien raisonner » et « vouloir avoir raison à tout prix » : dans le premier cas, c'est l'universalité d'un accord que l'on recherche, alors que dans le second, le but n'est que la reconnaissance de la supériorité d'une individualité sur l'autre. La vérité peut alors être sacrifiée à la volonté d'avoir raison et on admet que « la raison du plus fort est toujours la meilleure ». Lorsque l'on affirme que l'on a raison, c'est souvent pour souligner que l'autre a tort, pour lui imposer son jugement.

Exploitez les **expressions courantes** pour illustrer votre propos et le renforcer.

La raison peut servir les passions les plus insensées. C'est ainsi que l'on a pu invoquer la « raison d'État » pour justifier des actes relevant de la folie. Le raisonnement n'est ici qu'un moyen pour écraser l'autre. « Avoir raison de quelqu'un », c'est vaincre sa résistance, le dominer. La raison ne remplit ici pas son rôle premier, qui est d'accorder les esprits : elle est utilisée comme instrument de pouvoir, de persuasion. Or, persuader n'est pas convaincre. Dans le premier cas, on n'obtient l'assentiment d'autrui que par une utilisation trompeuse et séductrice du langage. En revanche, le philosophe cherche à convaincre par des arguments rationnels, et chacun doit pouvoir refaire en toute liberté le cheminement présenté. Le bon raisonnement n'est pas celui qui s'impose du dehors, mais celui qui s'impose à chacun pour autant qu'il soit de bonne foi, si bien qu'il n'y a pas à chercher à avoir raison, mais bien plus à « donner raison » à autrui, à l'aider à découvrir la vérité.

- Utilisez les repères pour approfondir votre analyse.
- **Persuader** consiste à emporter l'adhésion d'autrui par les sentiments, alors que **convaincre** suppose que l'on expose de véritables arguments.

C'est donc justement quand on veut avoir raison à tout prix que l'on ne raisonne pas bien : pour affirmer sa supériorité, on sacrifie les règles élémentaires du bon raisonnement. Mais, même lorsqu'il respecte les règles de la logique, le raisonnement ne doit-il pas se méfier de lui-même ?

Pour que la réflexion soit aboutie, **on interroge la thèse que l'on vient d'établir** pour en préciser les conditions.

III. Quelles sont alors les conditions d'un bon raisonnement ? Celui-ci ne suppose-t-il pas davantage la capacité de s'interroger que la volonté d'avoir raison ?

Quelles sont alors les conditions du bon raisonnement ? D'abord, un bon raisonnement doit pouvoir se justifier et être en accord avec les règles de la logique. Si l'on a raison, c'est que l'on peut justifier ses propos. Mais la rationalité « à tout prix » comporte ses dangers : elle présuppose que tout s'explique, ce qui n'est pas certain. De plus, il ne suffit pas de bien raisonner d'un point de vue logique pour avoir raison, c'est-à-dire pour être dans le vrai et surtout dans le bien. Le rationnel n'est pas toujours raisonnable. Hitler raisonnait bien, il savait persuader et argumenter, mais cela ne signifie pas qu'il avait raison, que ses actions étaient justifiées d'un point de vue moral.

logique : science du raisonnement.

On distingue **rationnel** (conforme aux règles logiques) et **raisonnable** (conforme aux règles morales) pour préciser le propos et soulever un problème.

De plus, la raison doit faire preuve d'humilité et savoir reconnaître ses limites, sans quoi elle s'expose aux dangers du dogmatisme et du fanatisme. On ne peut, par exemple, démontrer que Dieu existe, ni qu'il n'existe pas. La volonté d'avoir raison est ici néfaste. Elle peut être source des plus grands maux, comme en témoignent par exemple les guerres de religion ou le terrorisme. La volonté d'avoir raison doit, comme le montre Kant, être limitée à l'explication et à la justification de ce dont on peut faire l'expérience. Il faut savoir distinguer ce que l'on peut connaître, et donc démontrer par un raisonnement, de ce que l'on peut seulement penser. En ce qui concerne ce dernier domaine, il semble nécessaire d'abandonner toute prétention à la supériorité d'un jugement sur l'autre, afin d'éviter le fanatisme et le dogmatisme. D'ailleurs, le propre de l'homme n'est pas tant de savoir combiner les jugements que de savoir s'interroger.

Kant montre que, dès que la raison prétend démontrer une thèse métaphysique, elle erre, se contredit et se retrouve face à des contradictions qu'elle ne peut résoudre. La pensée ne peut établir sa propre cohérence que par des postulats, et doit donc dépasser l'aveuglement du purement rationnel.

Conclusion

On ne peut donc pas bien raisonner à partir d'un désir de domination. Vouloir avoir raison à tout prix est pour la raison elle-même source de dangers et d'illusions. En revanche, la raison se doit d'être motivée par la vérité elle-même, laquelle nécessite la possibilité permanente du questionnement.

Pensez à prendre le temps, en fin d'épreuve, de **relire votre copie** pour corriger notamment les fautes d'orthographe et de syntaxe.

SUJET 7

20 pts

4 H

La science

EXPLICATION DE TEXTE *Seconds Analytiques*, Aristote 96

Perspective La connaissance

La religion

DISSERTATION Faut-il opposer la religion et la science ? 100

Perspective La connaissance

› **CORRIGÉS** 103

Explication de texte

20 pts · 4 H → Corrigé p. 103

› Expliquez le texte suivant.

TEXTE *Seconds Analytiques*, Aristote

Il n'y a pas de connaissance scientifique par la perception. En effet, si la perception porte aussi sur telle qualité générale et non seulement sur un « ceci déterminé », il est néanmoins nécessaire qu'elle porte sur un certain ceci, et cela *ici* et *maintenant* ; or, il n'est pas possible de percevoir l'universel ni ce qui comprend plusieurs individus. En effet, [l'universel] n'est pas un « ceci déterminé », ni n'est donné *maintenant* seulement, car sinon ce ne serait pas un universel. En effet, nous disons universel ce qui est *toujours* et *partout*. Or puisque les démonstrations relèvent de l'universel et qu'il n'est pas possible de les percevoir, il est clair qu'il ne saurait y avoir de science par la perception. Mais il est manifeste encore que, même s'il était possible de percevoir que le triangle a ses angles égaux à deux droits, nous en chercherions encore une démonstration, et que nous n'en aurions pas pour autant, ainsi que le disent certains, une connaissance scientifique : car la perception porte nécessairement sur une réalité singulière, tandis que la science consiste dans le fait de connaître l'universel. D'où il s'ensuit que si, étant sur la Lune, nous voyions la Terre s'interposer, nous n'en aurions pas pour autant la cause de l'éclipse : nous percevrions qu'en ce moment il y a éclipse mais [nous ne percevrions] nullement le pourquoi, puisque la perception ne porte pas sur l'universel. Non d'ailleurs qu'en considérant souvent cet événement nous ne puissions aboutir à une démonstration, car c'est à partir d'une pluralité de cas particuliers que l'universel devient manifeste.

Aristote, *Seconds Analytiques*, IVe siècle av. J.-C.

La connaissance de la doctrine de l'auteur n'est pas requise. Il faut et il suffit que l'explication rende compte, par la compréhension précise du texte, du problème dont il est question.

Analyser le texte

ÉTAPE 1 Lire le texte

- **Lisez le texte plusieurs fois de manière active :**
  - Surlignez les **termes importants** et les **connecteurs logiques**.
  - Notez au brouillon les **idées** que vous comprenez au fur et à mesure de vos lectures.

ÉTAPE 2 Comprendre le texte

- **Identifiez les notions en jeu :**
  - Le texte porte sur la **science** et interroge son rapport à la perception. Il pose la question des moyens d'accès à la **vérité**.
  - L'argumentation repose sur la distinction entre **singulier**, **particulier**, **général** et **universel**. Ce sont des repères au programme.
- **Conceptualisez les termes importants.** Soyez attentif à ce qui les caractérise dans le texte :
  - La **perception** « porte sur un certain ceci, et cela *ici* et *maintenant* » : percevoir consiste à saisir un objet singulier, à un moment et en un lieu précis. La perception ne donne donc pas accès à ce qui existe en tout temps et en tous lieux.
  - Au contraire, la **connaissance scientifique** porte sur « ce qui est *toujours* et *partout* », donc sur l'universel.

› Exercice

Relevez dans le texte les termes qui renvoient au singulier, au particulier, au général et à l'universel.

Concept	Termes dans le texte
Singulier	« un "ceci déterminé" » (l. 3)
Particulier	
Général	« qualité générale » (l. 2)
Universel	

Les conseils du prof !

Est **singulier** ce qui ne vaut que pour un individu, **particulier** ce qui vaut pour quelques individus, **général** ce qui vaut pour la plupart des individus, et **universel** ce qui vaut pour tous sans exception.

Soyez attentif aux nombreuses **oppositions** que comporte ce texte : « ici » / « partout » ; « maintenant » / « toujours » ; « perception » / « démonstration »… Elles vous permettront de mieux le comprendre.

Dégager les éléments essentiels du texte

ÉTAPE 1 Repérer les idées importantes et la structure logique du texte

- **Aidez-vous des connecteurs logiques pour dégager la structure logique du texte :**
  - « En effet » (l. 1-2) permet de comprendre que le texte commence par une **affirmation qui va ensuite être justifiée.**
  - « Mais il est manifeste encore que » (l. 11) signifie qu'un **second argument** va être donné.
  - « Non d'ailleurs que » (l. 21) annonce une **nuance**, une **précision**.

ÉTAPE 2 Repérer et formuler la thèse

- **Évitez les contresens. La thèse semble être donnée dans la première phrase, mais il faut être attentif à la fin du texte qui la précise.**
- **Voici la thèse de ce texte :**
  - **La perception** ne permet pas de connaître scientifiquement.
  - Néanmoins, cela ne signifie pas pour autant qu'elle n'a aucune valeur pour la connaissance scientifique.

ÉTAPE 3 Repérer et formuler le problème

- Il y a un **problème philosophique** lorsque deux thèses s'opposent et que la supériorité de l'une par rapport à l'autre n'est pas évidente.
- **Dégagez le problème abordé par le texte à partir de la thèse :**
  - **Mettez sous forme** interrogative la thèse.
  - Opposez à cette thèse la thèse adverse.
  - Donnez pour chaque thèse **une raison qui la justifie.**
- Le problème porte ici sur le rapport entre la **perception** et la **science**.

› Exercices

1) Formulez le plan du texte en précisant les lignes qui délimitent les parties et en reformulant l'idée de chaque partie en une phrase.

1re partie	Ligne 1 à	....
2e partie	Ligne .... à	....
3e partie	Ligne .... à	....

2) Rédigez un paragraphe qui formule le problème auquel renvoie le texte.

....

....

....

....

....

....

Les conseils du prof !

- Analysez les **exemples** et demandez-vous ce qu'ils montrent.
- Les deux premières parties proposent chacune un **argument** qui justifie l'idée selon laquelle il n'y a pas de connaissance scientifique par la perception.

Pensez par exemple à la conception de Platon, qui oppose le monde **sensible** (celui de la perception) au monde **intelligible** (celui de la connaissance).

Rédiger l'explication de texte

ÉTAPE 1 Rédiger l'introduction

- **L'introduction présente les éléments essentiels du texte :**
  – le **problème** auquel il renvoie ;
  – la **thèse** qu'il défend ;
  – la manière dont il défend cette thèse (le **plan**).
- Vous ne pouvez donc la rédiger qu'une fois que vous avez dégagé ces éléments.

ÉTAPE 2 Rédiger le développement

- **Expliquez les exemples du texte :** ils ne sont pas là par hasard. Analysez-les et demandez-vous pourquoi l'auteur a choisi ces exemples.
- **Prenez des exemples** pour clarifier vos propos et ancrer votre réflexion dans le réel.
- **Appuyez vos propos sur des conceptualisations précises des termes importants du texte.**

› Exercice

Expliquez la phrase suivante en vous appuyant sur ce qu'est la perception et en prenant un exemple.

« En effet, si la perception porte aussi sur telle qualité générale et non seulement sur un "ceci déterminé", il est néanmoins nécessaire qu'elle porte sur un certain ceci, et cela *ici* et *maintenant* ; or, il n'est pas possible de percevoir l'universel ni ce qui comprend plusieurs individus. »

Les conseils du prof !

- La **perception** se distingue de la **sensation** (impression reçue d'un de nos sens seulement) en ce qu'elle unifie plusieurs sensations.
- Clarifiez et illustrez les propos du texte par des **exemples**. Exemple de qualité générale : une couleur.
- Appuyez-vous sur les **termes** utilisés dans le texte. Par exemple, « générale » s'oppose à « ceci […] *ici* et *maintenant* ».

› Je rédige l'explication de texte

Imprimez votre copie pour rédiger

DISSERTATION 20 pts 4 H → Corrigé p. 106

› Faut-il opposer la religion et la science ?

Analyser le sujet

ÉTAPE 1 Repérer et définir les mots-clés

- **Définissez les termes du sujet :**
  - **« Faut-il »** : est-ce nécessaire et/ou doit-on ? Si oui, pour quelles raisons ?
  - **« Opposer »** : le sujet interroge la relation qu'entretiennent religion et science. L'opposition renvoie à l'exclusion de l'une par l'autre. Quelle pourrait être leur relation si ce n'est une relation d'opposition ?
  - **« La religion »** renvoie à la croyance, alors que **« la science »** renvoie au savoir.

ÉTAPE 2 Problématiser le sujet

- **Dégagez les questions** que soulève le sujet en vous aidant de l'analyse de ses termes.
- Pensez à l'opposition entre **croire** et **savoir**. Ce sont des repères au programme.

ÉTAPE 3 Développer la réflexion sur le sujet

- **Identifiez les thèses** qui permettent de répondre aux questions dégagées. Demandez-vous ce qu'elles impliquent.
- **Trouvez des arguments et des exemples** pour étayer chaque thèse.
- **Aidez-vous d'exemples historiques.** On peut penser par exemple à **Galilée**, scientifique inquiété par l'Inquisition pour avoir remis en cause le géocentrisme, mais aussi à **Pascal**, qui était à la fois un grand scientifique et un fervent croyant.

› Exercices

1) A l'aide des indications de l'encadré, notez les questions que fait surgir ce sujet.

....

....

....

....

2) Notez quelles sont les réponses possibles aux questions que vous venez de dégager.

....

....

....

....

....

Les conseils du prof !

- « Faut-il » a deux sens. On dégagera donc **deux questions différentes** à partir de l'analyse de ces termes.
- Remplacez les termes du sujet par leur **définition** pour mieux en voir la portée.

- Ces réponses constituent des **thèses**.
- Ne notez pas sur votre brouillon « oui » et « non » : **faites des phrases** afin de rester proche du sujet et d'avoir toujours à l'esprit l'idée que vous défendez.

Approfondir la réflexion sur le sujet

ÉTAPE 1 Identifier les notions en jeu

- Ce sujet interroge principalement deux notions au programme : la **science** et la **religion**.
- La notion de **vérité** entre en jeu, puisque science et religion visent toutes deux la vérité, mais par des voies différentes.

ÉTAPE 2 Mobiliser son cours

- **Identifiez les repères et notions à exploiter :**
  - **Croire** et **savoir** sont des repères dont vous devez maîtriser le sens.
  - L'**irrationnel** peut désigner ce qui est contraire à la raison et est alors dévalorisé, ou au contraire ce qui est supérieur à la raison parce qu'il la dépasse.
- **Listez les auteurs** que vous pouvez convoquer :
  - **Pascal** distingue les vérités de la raison des vérités du cœur.
  - **Descartes** propose une « preuve de l'existence de Dieu », un raisonnement permettant de conclure que Dieu existe.

ÉTAPE 3 Argumenter ses idées

- **Pour trouver des arguments, demandez-vous ce qui justifie telle ou telle idée :**
  - Pourquoi faudrait-il opposer religion et science ? Que se passe-t-il si on ne les oppose pas ?
  - Si on les oppose, c'est que l'une est dangereuse pour l'autre. Quels dangers la science fait-elle courir à la religion ? Et inversement, quels dangers la religion fait-elle courir à la science ?

› Exercice

Complétez le plan suivant avec des arguments et des exemples.

I. La science doit s'opposer à la religion.

A) Parce que le savoir suppose des preuves alors que la foi consiste à adhérer aux dogmes sans preuve.

Exemple : ....

B) ....

Exemple : ....

II. La religion doit s'opposer à la science.

A) ....

Exemple : ....

B) ....

Exemple : ....

III. La religion et la science ne sont pas opposées, mais complémentaires.

A) ....

Exemple : ....

B) ....

Exemple : ....

Les conseils du prof !

Faites bien la différence entre un argument et un exemple : un **argument** est une justification générale qui repose sur un raisonnement, alors qu'un **exemple** est un cas particulier qui illustre l'argument.

Pensez aux **conséquences de la croyance** sur le développement de la science.

Vous pouvez utiliser ici le **sens positif** de « irrationnel ».

Pensez à la **preuve de l'existence de Dieu** selon Descartes.

Rédiger la dissertation

ÉTAPE 1 Rédiger l'introduction

- **Évitez de commencer par des banalités** comme « De tout temps... », « Les philosophes se sont toujours demandé si... », etc.
- **Justifiez toujours le sujet** avant de le poser. L'introduction a pour rôle d'introduire le sujet, de l'amener.
- **Précisez votre plan en utilisant des liens logiques entre les grandes idées.** Vous mettrez ainsi en évidence la progression de votre réflexion.
- **Soignez les liens entre les idées** et **alternez affirmations et questions** afin de donner plus d'attrait à ce que vous écrivez.

ÉTAPE 2 Rédiger le développement

- **Aérez votre copie :**

– Faites un alinéa au début de chaque paragraphe.
– Allez à la ligne à chaque paragraphe.
– Passez deux lignes entre l'introduction et la première partie, entre les parties et les transitions, et entre la dernière partie et la conclusion.

› Exercice

Rédigez l'introduction de la dissertation.

....

....

....

....

....

....

....

....

....

....

....

....

....

....

....

....

Les conseils du prof !

- L'**accroche** doit amener l'idée selon laquelle la religion et la science s'opposent. Pour cela, on peut s'appuyer sur l'analyse conceptuelle des termes **« croire »** et **« savoir »**. Elle doit également amener une raison d'interroger cette idée.
- C'est seulement une fois ce travail fait que l'on pourra poser et problématiser le **sujet**, puis dévoiler le **plan** du devoir.

› Je rédige la dissertation

Imprimez votre copie pour rédiger

Dans un souci de clarté, le plan des corrigés est explicité par des titres.
Cependant, la copie que vous rédigerez le jour de l'épreuve ne doit en comporter aucun.

Explication de texte → p. 96

Je comprends les corrigés

Corrigé rédigé

Introduction

Platon dénigrait la perception sensible que nous pouvons avoir du réel, arguant que celle-ci ne donnerait accès qu'à des apparences trompeuses et illusoires qu'il faut dépasser pour trouver la vérité. Mais la perception est-elle si trompeuse ? La science, comprise comme ensemble de théories expliquant le réel, ne doit-elle pas s'élaborer à partir de la perception que nous avons du réel ? Car si la perception ne suffit pas à élaborer une connaissance scientifique, cette dernière rend cependant compte de ce que nous percevons. Comment, dès lors, comprendre l'articulation entre perception et science ? Tel est le problème qu'Aristote analyse dans cet extrait des *Seconds Analytiques*. Il affirme ici qu'« il n'y a pas de connaissance scientifique par la perception » (l. 1), mais que la perception de plusieurs cas particuliers concordants est à l'origine de l'élaboration d'une connaissance universelle. Pour argumenter cette idée, Aristote met d'abord l'accent sur l'opposition entre la particularité de la perception et l'universalité de la science (l. 1 à 11). Il poursuit son argumentation en invoquant le caractère démonstratif de la connaissance scientifique. La science procède par démonstrations et recherche les causes des phénomènes, elle ne peut donc procéder de la perception (l. 11 à 21). Cependant, bien que la perception, toujours particulière et descriptive, ne puisse donner accès à la connaissance universelle qui constitue la science, elle en est l'impulsion première (l. 21 à la fin).

> **arguer** : donner comme argument.

> On amène le **problème** en opposant la conception platonicienne du rapport de la connaissance à la perception à celle d'Aristote.

> - Soignez particulièrement l'introduction de l'explication : elle doit être claire et rigoureuse.
> - Amenez d'abord le **problème** posé par le texte, puis la **thèse** défendue par l'auteur, et enfin les **étapes de l'argumentation**.

I. La perception ne donne à voir que le particulier, alors que la connaissance scientifique recherche l'universel

Aristote affirme en premier lieu ce qu'il se propose de démontrer par la suite : « Il n'y a pas de connaissance scientifique par la perception » (l. 1). Cela signifie que la connaissance scientifique ne peut se fonder exclusivement sur la perception que nous avons du réel. En effet, la perception est toujours particulière, alors que la connaissance scientifique se définit comme saisie de l'universel.

C'est que la perception est plus qu'une sensation. La sensation est l'impression que l'un de nos sens reçoit d'un objet extérieur. Elle est fugace et subjective. Elle ne nous donne pas accès à la conscience d'un objet délimité et précis, mais seulement à une de ses parties. La perception est plus que cela, puisqu'elle est un ensemble de sensations déjà organisées dans un tout. Elle donne accès à un objet délimité. Percevoir consiste donc à saisir du réel une certaine unité. Cependant, cette unité est toujours particulière : même si elle s'efforce de porter son attention sur une qualité

> **Reformulez** toujours les passages du texte que vous citez.

> La distinction entre **perception** et **sensation** permet de préciser ce qu'est la perception.

> Lorsque vous **citez un passage du texte** qui ne constitue pas une phrase, veillez à l'insérer dans une proposition que vous rédigez vous-même de manière à respecter les règles de la syntaxe.

générale, elle porte cependant toujours et nécessairement « sur un certain ceci, et cela *ici* et *maintenant* » (l. 4). On perçoit toujours un objet déterminé en un lieu et en un espace spécifiques, si bien que ce que l'on perçoit, ce n'est jamais le rouge lui-même, mais tel objet particulier qui est rouge. En ce sens, « il n'est pas possible de percevoir l'universel ni ce qui comprend plusieurs individus » (l. 4 à 6). En effet, saisir le général supposerait que l'on puisse percevoir ce que plusieurs objets ont en commun. Or, nous avons accès par la perception à l'unité de l'objet singulier, non à une caractéristique générale qu'il partagerait avec d'autres. Par exemple, nous pouvons percevoir d'abord un crayon rouge, puis un cahier rouge, mais nous ne pouvons percevoir le rouge seul comme caractéristique distincte de ces deux objets. La perception, ne nous fournissant que des informations localisées spatialement et temporellement, ne peut nous donner accès à l'universel, à « ce qui est *toujours* et *partout* » (l. 8). Ce n'est pas parce que je perçois un crayon rouge *ici* et *maintenant* que tous les crayons sont rouges.

Imaginez des **exemples** pour illustrer votre explication. Cela permet de rendre l'analyse plus concrète.

La science ne peut donc procéder de la perception : elle s'occupe de l'universel, alors que la perception ne donne accès qu'à ce qui est ici et maintenant. En outre, une seconde caractéristique oppose science et perception : la science ne décrit pas, elle démontre. Elle ne dit pas les choses, mais le pourquoi des phénomènes.

La **transition** met en évidence le passage du premier au second argument.

II. La connaissance scientifique est de l'ordre de la démonstration et de la recherche des causes nécessaires, ce que ne permet pas de saisir la perception

La science cherche à établir les causes nécessaires des phénomènes perçus. Or, cela ne peut se percevoir, si bien « qu'il ne saurait y avoir de science par la perception » (l. 10-11). Le témoignage des sens ne saurait fonder une connaissance rigoureuse, il apparaît ici même contraire à celle-ci par son caractère particulier, contingent, instable et descriptif. Concernant cette dernière caractéristique, Aristote développe un exemple emprunté à la géométrie : « S'il était possible de percevoir que le triangle a ses angles égaux à deux droits, nous en chercherions encore une démonstration » (l. 12-13). En effet, les mathématiques relèvent de la science du raisonnement et la perception ne peut suffire à les élaborer. Démontrer, c'est expliquer pourquoi c'est ainsi, c'est déployer un raisonnement rigoureux et universel que l'on ne retrouve aucunement dans la perception : celle-ci ne nous fait accéder qu'à la vision d'un triangle particulier. Il en est de même en physique, science de la nature : la perception nous permet d'accéder à la saisie d'une éclipse, mais non des causes qui l'ont engendrée. En percevant l'éclipse, on n'accède pas à une connaissance scientifique de ce phénomène : cette vision ne nous permet pas de savoir comment elle se produit ni pourquoi, mais seulement qu'elle se produit ici et maintenant. Que la science porte sur des objets mathématiques ou sur des phénomènes naturels, elle ne peut se fonder sur une simple perception. La science est définie ici comme discours démonstratif, révélant en ce sens ce qui est nécessaire, ce qui ne peut pas ne pas être ou être autrement. Or, la perception est contingente et variable, si bien que l'on ne peut inférer d'une perception une telle nécessité.

Analysez les exemples proposés dans le texte : ils sont significatifs et ne sont pas choisis au hasard. Vous devez donc les inclure dans votre explication.

- **La maîtrise des repères est requise pour expliquer ce texte.**
- **Le second argument repose sur la distinction entre la science, dont le caractère démonstratif met en évidence le nécessaire et l'universel, et la perception, qui est contingente et particulière.**

Doit-on cependant en conclure que la perception n'a aucune valeur en ce qui concerne l'élaboration de la connaissance scientifique ? Aristote ne va pas jusqu'à cette conclusion. Il réhabilite à la fin du texte la perception.

Dans les transitions, vous pouvez utiliser des **questions** pour montrer comment les idées s'enchaînent.

III. La perception constitue le donné que la science se donne pour tâche d'expliquer

La perception n'est pas à rejeter : elle joue un rôle dans la construction de la connaissance scientifique. Cette dernière ne peut se contenter de données particulières, mais doit cependant partir de la perception. C'est en remarquant les caractéristiques communes des perceptions identiques que « l'universel devient manifeste » (l. 24). L'expérience joue donc un rôle crucial dans l'élaboration de la connaissance scientifique : lorsqu'une même expérience se reproduit de nombreuses fois, nous sommes amenés à induire une loi générale.

Analysez bien tout le texte. La **dernière phrase** est capitale puisqu'elle précise que, si la perception ne peut fonder la science, elle joue cependant un rôle dans l'élaboration de la connaissance scientifique.

induction : raisonnement qui consiste à passer de l'observation de plusieurs cas particuliers à une loi générale.

L'universel ne découle donc pas immédiatement de la perception, mais peut être inféré de plusieurs perceptions répétées. Ainsi, la connaissance scientifique, bien qu'elle ne puisse se fonder légitimement sur les données perceptives, en découle cependant lorsque celles-ci sont récurrentes. La perception est donc une condition de la science : elle lui fournit les données qu'elle aura pour tâche d'expliquer. Mais l'explication ne découle cependant pas directement de la perception.

Conclusion

Aristote montre dans ce texte que, bien que l'universel qu'exige la science ne soit pas donné par la perception, cette dernière constitue cependant les données de départ de toute connaissance. Précisons : Aristote affirme ici qu'il ne saurait y avoir de science par la perception. La science visant un savoir universel, c'est-à-dire valable partout et toujours, elle ne peut se fonder sur la perception singulière, c'est-à-dire saisie ici et maintenant. Il ne saurait y avoir de science que du nécessaire et de l'universel. Connaître scientifiquement consiste donc à saisir les causes nécessaires des phénomènes. La pensée s'élève à l'universel, alors que la perception ne donne accès qu'au singulier, qu'à ce qui est unique et donc incomparable et inexplicable. Il y a donc une rupture entre la science et la perception, mais cette rupture n'est pas non plus une scission sans rapport entre deux « mondes », puisque c'est bien le monde que l'on perçoit que la connaissance scientifique explique. Aristote s'oppose ici à la dichotomie qu'opère Platon entre le monde sensible et le monde intelligible : les Idées ne sont pas séparées du monde sensible. Il faut se méfier de la perception, mais sans la rejeter absolument.

La **conclusion** reprend les éléments essentiels du texte : les grandes idées, la thèse et le problème philosophique auquel il renvoie.

Dissertation → p. 100

Corrigé rédigé

Introduction

Tant que l'on croit, c'est que l'on ne sait pas. En ce sens, la croyance apparaît comme un substitut à l'ignorance : plutôt que de rester dans le doute, on préfère croire, parce qu'il est plus agréable d'avoir des réponses que de se poser des questions. Cependant, ne fait-on pas obstacle, par une telle attitude, à l'évolution de la science, à la progression des connaissances ? Car croire, c'est aussi croire savoir et refuser en ce sens de remettre en cause l'objet de la croyance. Ainsi, l'on pourrait être enclin à opposer la religion, qui pousse à croire, et la science, qui cherche à connaître. Reste que, comme nous le constatons régulièrement, la religion demeure alors même que la science évolue. Faut-il, dès lors, opposer la religion et la science ? Le savant doit-il s'interdire toute croyance, ou bien peut-on à la fois être scientifique et croyant ? C'est le problème du rapport qu'entretiennent la foi et le savoir que nous allons donc examiner. Il apparaît d'abord que la science et la religion s'opposent par leurs méthodes et donc que l'une ne peut s'affirmer qu'en rejetant l'autre. Cependant, de nombreux religieux ont également été d'illustres savants : la foi ne doit-elle pas faire appel au savoir pour se justifier ? Ou bien y a-t-il non pas opposition, mais séparation nécessaire de la foi et du savoir ?

L'**accroche** repose sur l'opposition entre croire et savoir. Pour amener le sujet, vous devez montrer qu'en effet, la question se pose. Pour cela, vous pouvez souligner qu'il y a des contradictions dans l'expérience commune : d'un côté, on oppose religion et science ; de l'autre, elles coexistent.

Dans l'introduction, vous devez exposer clairement le **plan** que vous allez suivre. Vous pouvez cependant laisser un certain « suspense » de manière à ne pas tout dévoiler d'emblée.

I. La science doit s'opposer à la religion

La science semble s'opposer à la religion. Elle apparaît en effet comme une interrogation sur le monde, une remise en cause permanente, puisqu'elle évolue. La science paraît ainsi incompatible avec l'adhésion que représente la croyance. La religion suppose en effet que le fidèle adhère sans preuve aux vérités révélées, qu'il ne les conteste ni ne les remette en cause, alors que la science cherche à savoir, à connaître les causes des phénomènes qu'elle étudie. Descartes, dans les *Méditations métaphysiques*, cherchant à asseoir la connaissance sur des bases certaines, commence ainsi par remettre en cause tout ce qui ne semble pas absolument indubitable : le doute apparaît comme le moyen par lequel la science, comprise comme savoir, peut se constituer. Il faut d'abord interroger les croyances afin de garantir le savoir. Or, la religion semble interdire une telle interrogation : elle demande au fidèle une adhésion sans preuve. Car si connaître signifie saisir ce qui est par la raison et donc rendre raison de la vérité des connaissances, croire relève d'une confiance accordée à un jugement qui ne peut se justifier par des raisons. Il y a donc opposition entre la religion et la science. Ainsi, le scientifique sait que la somme des angles d'un triangle est égale à 180 degrés parce qu'il le déduit des axiomes de la géométrie euclidienne, alors que le religieux croit en l'existence de Dieu sans pouvoir le démontrer.

On approfondit la distinction entre **croire** et **savoir** en analysant leurs caractéristiques communes pour montrer que science et religion s'opposent.

N'hésitez pas à prendre des **exemples** pour illustrer vos propos.

Cette opposition s'accentue encore lorsque l'on conçoit la religion comme un obstacle possible à la science. La religion est en effet constituée de dogmes qui peuvent entrer en conflit avec les affirmations de la science. Plusieurs exemples historiques en témoignent : Galilée, soutenant l'héliocentrisme, s'oppose à l'enseignement de l'Église. S'engage alors une longue polémique entre la religion et la science qui aboutit à une condamnation par l'Église des thèses de Galilée, empêchant la science d'évoluer comme elle le devrait.

dogme : vérité fondamentale et incontestable dans une religion.

héliocentrisme : théorie selon laquelle la Terre se meut autour du Soleil.

Exploitez vos **connaissances scientifiques et historiques**. Cela valorisera nettement votre copie.

La science s'oppose à la religion. Mais, inversement, la foi n'implique-t-elle pas nécessairement l'effacement de la raison au profit de l'irrationnel ?

II. La religion doit s'opposer à la science

Si la science ne se constitue qu'en s'opposant à la religion, il apparaît inversement que la religion elle-même refuse la science lorsqu'elle valorise l'irrationnel. En effet, la religion a rapport à des dogmes que l'on ne peut, par définition, démontrer. En revanche, la science procède par démonstrations : ne sera admise comme scientifique qu'une théorie démontrable. La religion suppose donc une adhésion de l'esprit à ce que la raison ne peut découvrir par elle-même, contrairement à ce que suppose la science. Elle considère, contrairement à la science, l'irrationnel comme une valeur : non comme ce qui est un obstacle à la raison, mais comme ce qui transcende la raison et est donc supérieur à elle. Le divin est l'irrationnel par excellence, ce que la raison, limitée, ne peut saisir. L'irrationnel prend ici toute sa valeur. C'est parce que la raison a des limites que l'esprit est amené à croire.

transcender : dépasser, se situer au-delà.

Pour croire, il faudrait donc mettre de côté sa raison. La foi, comme le suggère son étymologie (*fides* signifie « confiance » en latin), est une confiance en ce qui n'est pas démontrable, mais qui exige un degré de confiance au moins égal à celui que procurerait une démonstration. Autosuffisante, elle se passe du savoir scientifiquement élaboré et demande à la raison d'abandonner ses exigences devant l'incompréhensible. Le fidèle s'en remet à Dieu parce qu'il se voit limité face à une puissance infinie. L'acte de foi a donc rapport à des vérités jugées essentielles, mais situées au-delà de ce que la raison peut comprendre. C'est ainsi que Pascal distingue les vérités accessibles à la raison et les « vérités du cœur » : « Nous connaissons la vérité, non seulement par la raison, mais encore par le cœur. » La raison doit se soumettre à la foi, et la religion se séparer de la science.

Ayez recours à l'**étymologie** lorsqu'elle éclaire le sens d'un concept.

La foi, saut irrationnel dans l'absolu, relève d'une conversion, non d'un raisonnement. Cependant, la religion s'oppose-t-elle nécessairement à toute forme de raisonnement ? Ne tente-t-elle pas parfois de se justifier par la démonstration ?

Les **transitions** entre les parties sont importantes : elles permettent de justifier le passage d'une idée à l'autre. Elles amènent donc souvent de nouvelles interrogations.

III. La religion et la science ne sont pas opposées, mais complémentaires

Bien que science et religion aient parfois été opposées sur certains points, elles ont aussi su avancer ensemble. La raison a été au service de la foi, par exemple, lors des tentatives de démonstrations de l'existence de Dieu. Le raisonnement vient justifier la croyance, même s'il n'explique pas tout de cette croyance. Ainsi, l'on peut par exemple, avec Descartes, déduire l'existence de Dieu à partir de l'idée que l'on s'en fait. L'homme possède l'idée du parfait. Or, un être imparfait comme l'homme ne peut créer l'idée du parfait. Donc cette idée ne peut provenir que d'un être parfait. Ici, la religion emprunte à la science son souci de démonstration et d'universalité.

Intégrez des **références philosophiques** dans votre copie : cela montrera que vous possédez une culture philosophique. Mais ne citez pas simplement pour citer : vos références doivent servir à développer l'argumentation.

Cependant, force est de constater que si la croyance reste croyance, c'est qu'elle n'est pas encore du domaine du savoir. On n'a plus besoin de croire dès lors que l'on sait. Mais quelles sont les limites de la connaissance scientifique ? La science étudie les phénomènes et cherche à énoncer des lois universelles et nécessaires exprimant les rapports qu'ils entretiennent entre eux. Elle est donc toujours plus ou moins liée à ce dont on peut faire l'expérience, aux phénomènes sensibles. Le critère de scientificité est d'ailleurs, selon Karl Popper, la falsifiabilité : ne sera considérée comme scientifique qu'une théorie que l'on peut confronter à l'expérience, dont on peut imaginer à quelles conditions elle pourrait être falsifiée. Science et religion ne s'occupent donc pas du même domaine : la science traite des phénomènes, de ce qui est accessible par les sens, alors que la religion traite de ce qui est d'ordre métaphysique, de ce qui dépasse le sensible par définition. Ainsi, on ne peut connaître que les phénomènes. La science et la religion sont alors complémentaires : la science répond à la question du « comment ? », alors que ce qui intéresse avant tout la religion, c'est le « pourquoi ? ». Si la science explique le fonctionnement des phénomènes, la religion s'intéresse à la question du sens.

falsifiabilité : caractère de ce qui est susceptible d'être falsifié, c'est-à-dire testé par l'expérience.

métaphysique : qui est au-delà du sensible, qui n'est pas accessible aux sens.

Conclusion

Il ne faut donc pas opposer la science à la religion, sous peine soit de faire de la foi un dogmatisme aveuglant pouvant mener à un fanatisme dangereux, soit de refuser de penser au-delà des phénomènes, de s'interroger sur le sens possible de l'existence. Science et religion sont complémentaires. La raison s'impose pour prévenir la foi contre ses excès possibles. Il apparaît alors que ce qui prime, en matière de religion, c'est la tolérance : nul ne peut démontrer que sa religion particulière est meilleure qu'une autre et nul ne peut fonder rationnellement sa foi.

- **dogmatisme** : attitude qui consiste à refuser de remettre en cause ce que l'on considère comme la vérité absolue.
- **fanatisme** : attitude par laquelle le dogmatique emploie tous les moyens pour imposer ses convictions.

SUJET 8

20 pts

4H

La technique

EXPLICATION DE TEXTE *Les Deux Sources de la morale et de la religion*, Henri Bergson 110

Perspective L'existence humaine et la culture

Le travail

DISSERTATION Que gagne-t-on à travailler ? 114

Perspective L'existence humaine et la culture

› CORRIGÉS 117

Explication de texte

20 pts 4 H → Corrigé p. 117

› Expliquez le texte suivant.

TEXTE ***Les Deux Sources de la morale et de la religion*, Henri Bergson**

D'une manière générale, l'industrie ne s'est pas assez souciée de la plus ou moins grande importance des besoins à satisfaire. Volontiers elle suivait la mode, fabriquant sans autre pensée que de vendre. On voudrait, ici comme ailleurs, une pensée centrale, organisatrice, qui coordonnât l'industrie à l'agriculture et assignât aux machines leur place rationnelle, celle où elles peuvent rendre le plus de services à l'humanité. Quand on fait le procès du machinisme, on néglige le grief essentiel. On l'accuse d'abord de réduire l'ouvrier à l'état de machine, ensuite d'aboutir à une uniformité de production qui choque le sens artistique. Mais si la machine procure à l'ouvrier un plus grand nombre d'heures de repos, et si l'ouvrier emploie ce supplément de loisir à autre chose qu'aux prétendus amusements qu'un industrialisme mal dirigé a mis à la portée de tous, il donnera à son intelligence le développement qu'il aura choisi, au lieu de s'en tenir à celui que lui imposerait, dans des limites toujours restreintes, le retour (d'ailleurs impossible) à l'outil, après la suppression de la machine.

Henri Bergson, *Les Deux Sources de la morale et de la religion*, 1932.

La connaissance de la doctrine de l'auteur n'est pas requise. Il faut et il suffit que l'explication rende compte, par la compréhension précise du texte, du problème dont il est question.

Analyser le texte

ÉTAPE 1 Lire le texte

- **Lisez le texte plusieurs fois** afin d'en saisir le sens général.
- **Repérez les notions en jeu.** Ce texte traite de la **technique** et du **travail**, mais aussi implicitement de la **liberté** et du **bonheur**.

ÉTAPE 2 Comprendre le texte

- **Reformulez les idées, phrase par phrase :**
  – Définissez les **termes importants**, comme « industrie », « mode », « machinisme », « industrialisme », « intelligence ».
  – Prenez en compte les **distinctions conceptuelles**, comme « besoins » / « mode » ou « machine » / « outil ».

Exercice

Pour vous aider à mieux comprendre ce texte, répondez aux questions suivantes.

1) Qu'est-ce que l'industrie ? Qu'est-ce qui caractérise la production industrielle ?

2) Que sous-entend la première phrase ? Quelle fin (but) l'industrie devrait-elle viser en priorité ?

3) Au contraire, quel but poursuivait l'industrie selon la seconde phrase ?

4) Dans la troisième phrase :

- Que sous-entend l'expression « on voudrait » ?

Les conseils du prof !

Lorsque vous analysez un texte, si un passage vous semble obscur, passez au suivant et revenez-y ensuite : certaines phrases ne se comprennent qu'à la lumière de ce qui est écrit après.

Interrogez le texte pour cerner son **sens** et faire surgir les **idées implicites**. Vous éviterez ainsi la paraphrase, qui consiste à redire le texte sans vraiment l'expliquer.

Pour répondre à cette question, exploitez la distinction faite entre les **besoins** et la **mode**.

- Pourquoi coordonner « l'industrie à l'agriculture » permet-il de « rendre le plus de services à l'humanité » ?

- À quoi Bergson peut-il faire référence lorsqu'il parle d'une « pensée centrale, organisatrice » ?

- Quelle est la « place rationnelle » des machines ? Pourquoi ? Inversement, quelle est leur place non rationnelle ?

« Rationnel » signifie ici « conforme à la raison ». La **« place rationnelle »** désigne donc la place que les machines devraient avoir.

5) Définissez les termes « faire le procès », « machinisme » et « grief », puis reformulez la quatrième phrase.

6) La cinquième phrase synthétise les deux reproches ordinairement faits au machinisme. Quels sont-ils ? Essayez de les expliquer.

« On » n'inclut pas Bergson ici. Il critique une vision trop **caricaturale** du machinisme qui ne cerne pas le réel problème qu'il pose.

7) La dernière phrase affirme que la machine donne plus de repos à l'ouvrier et que celui-ci peut user de ce repos de deux manières différentes. Reformulez ces deux façons possibles de profiter de son temps libre.

Pensez aux analyses de **Marx** et à ses critiques du mode de production capitaliste.

8) Dans la dernière phrase, quelle notion au programme implique l'opposition entre « choisi » et « imposerait » ? Que peut-on en conclure relativement au machinisme ?

Dégager les éléments essentiels du texte

ÉTAPE 1 **Repérer les idées importantes et la structure logique du texte**

- **La structure logique du texte est son plan.** Pour dégager le plan du texte :
  – Repérez les **liens logiques** en relevant les connecteurs présents dans le texte.
  – Repérez les **idées essentielles** en synthétisant les idées issues du travail d'analyse.
- **Reformulez l'idée de chaque partie en une phrase**, en prenant soin de montrer comment ces idées s'articulent entre elles.
- **Ce texte comporte trois parties :** la première va du début du texte jusqu'à « humanité », la deuxième de « Quand » jusqu'à « artistique », et la troisième de « Mais si » jusqu'à la fin du texte.

ÉTAPE 2 **Repérer et formuler la thèse**

- La **thèse** est ce qu'affirme le texte dans son intégralité.
- **Repérez la thèse.** Ici, elle n'est pas donnée par une phrase du texte. Il faut donc vous demander quelle idée est défendue par l'ensemble du texte.
- **Formulez la thèse.** Le texte porte sur la technique, et particulièrement sur l'industrialisation, et son enjeu est le bien-être de l'homme. La formulation de la thèse devra donc comporter ces notions.

ÉTAPE 3 **Repérer et formuler le problème**

- **La thèse est une réponse au problème.** Il faut donc la transformer en interrogation, tout en l'opposant à une solution alternative.

› Exercice

1) Reformulez l'idée de chaque partie du texte en une phrase, en mettant en évidence le lien entre chacune de ces idées.

I. ....

....

II. ....

....

III. ....

....

2) Rédigez l'introduction de l'explication de texte.

....

....

....

....

....

....

Les conseils du prof !

Pour montrer les **liens** entre les parties d'un texte, évitez d'utiliser des liens chronologiques comme « d'abord », « ensuite », « dans un dernier temps » : ils ne montrent pas comment les idées s'enchaînent et vous font manquer l'unité du texte.

Pour rédiger l'**accroche**, vous pouvez partir de l'analyse du film *Les Temps modernes* de Charlie Chaplin.

› Je rédige l'explication de texte

Imprimez votre copie pour rédiger

DISSERTATION 20 pts 4 H → Corrigé p. 120

› Que gagnons-nous à travailler ?

Analyser le sujet

ÉTAPE 1 Comprendre le sujet

- **Définissez les termes du sujet :**
  - Pour chaque terme, notez les synonymes, les antonymes et les définitions possibles.
  - À partir de l'analyse des termes du sujet, essayez de le reformuler.
- **Ne vous limitez pas à une énumération.** Le sujet n'invite pas seulement à énumérer ce que l'on gagne à travailler : il suppose aussi que l'on se demande si l'on gagne vraiment quelque chose.

ÉTAPE 2 Problématiser le sujet

- La **problématique** est ce qui montre que le sujet pose un problème : la réponse à la question n'est pas évidente, elle appelle à discussion.
- Ici, il faut s'appuyer sur le terme **« gagner »** pour problématiser le sujet.

ÉTAPE 3 Développer la réflexion sur le sujet

- **Identifiez les thèses possibles :**
  - Une thèse est une affirmation qui répond à la question.
  - Demandez-vous quelles réponses on peut apporter à cette question.
- **Trouvez des arguments :**
  - Demandez-vous ce qui justifie chaque thèse. Pourquoi peut-on affirmer ceci ou cela ?
  - N'y a-t-il pas des objections qui remettent en cause telle ou telle thèse ?
- **Cherchez des exemples** qui permettent d'illustrer vos idées.

› Exercices

1) Analysez les termes du sujet en remplissant le tableau suivant.

	Gagner	Travailler
Synonymes	Remporter, acquérir, ...	Œuvrer, ...
Antonymes	Perdre, ...	....
Définitions	Avoir plus qu'avant, ...	....
Clarification du sujet et questions que l'analyse des termes fait surgir	Si on gagne quelque chose à travailler, c'est que le travail nous permet d'avoir plus que ce que l'on avait avant de l'effectuer. Est-ce le cas ? Inversement, ...	....

2) Complétez chaque thèse, puis trouvez pour chacune des arguments et des exemples.

Le travail nous permet de gagner :

- de quoi subvenir à nos besoins.

→ **Parce que** le travail rémunéré permet de percevoir un salaire.

→ **Par exemple :** l'ouvrier qui travaille à l'usine gagne un salaire qui lui permet ensuite d'acheter ce qui lui plaît ou ce dont il a besoin.

- ....

....

→ **Parce que** ....

....

→ **Par exemple :** ....

....

....

Le travail nous fait perdre :

- notre liberté.

→ **Parce que** ....

....

→ **Par exemple :** ....

....

....

- ....

→ **Parce que** ....

....

→ **Par exemple :** ....

....

....

Les conseils du prof !

Demandez-vous qui est **gagnant** et qui est **perdant** relativement au travail : le travailleur, l'employeur, la société ?

- Un **argument** est un raisonnement qui justifie une idée.
- Un **exemple** est un cas particulier. Il ne sert qu'à illustrer un argument et ne peut suffire à justifier une idée. En revanche, un contre-exemple peut faire office d'objection.

Partez d'**exemples concrets**, puis généralisez-les pour trouver des arguments.

Approfondir la réflexion sur le sujet

ÉTAPE 1 Se poser les bonnes questions

- **Voici les questions que soulève ce sujet :**
  - Gagne-t-on réellement quelque chose à travailler ?
  - Le travail ne peut-il pas être considéré comme une perte de soi ou de sa liberté ?
  - Tout travail est-il aliénant ? Ne faut-il pas distinguer plusieurs formes de travail ?
  - Peut-on dire de l'artiste qu'il travaille ? En quel sens ?

ÉTAPE 2 Mobiliser son cours

- Le travail se définit d'abord comme une **transformation de la nature :** que gagne-t-on à transformer la nature ?
- Le travail prend au XIXe siècle une forme mécanisée avec le **travail à la chaîne :** que peut-on reprocher à cette forme de travail ?
  - Pensez au film *Les Temps modernes* de Charlie Chaplin : que montre-t-il ?
  - Quels philosophes critiquent le travail à la chaîne ? Pourquoi ?

› Exercice

D'un côté, le travail semble être une source de gain ; d'un autre côté, il nous fait perdre plus que ce qu'on y gagne. Rédigez un paragraphe soulignant ce paradoxe.

Les conseils du prof !

La **problématisation** du sujet repose sur un paradoxe. Ici, elle suppose que l'on mette à jour l'opposition entre travail et gain.

Dans votre devoir, réutilisez les **arguments** et les **exemples** dégagés lors de l'exercice précédent.

› Je rédige la dissertation

Imprimez votre copie pour rédiger

Dans un souci de clarté, le plan des corrigés est explicité par des titres. Cependant, la copie que vous rédigerez le jour de l'épreuve ne doit en comporter aucun.

Explication de texte → p. 110

Corrigé rédigé

Introduction

Dans *Les Temps modernes* de Charlie Chaplin, Charlot incarne un ouvrier soumis au rythme de la machine jusqu'à en devenir fou. Le film suggère l'aliénation que subit l'ouvrier à l'heure du machinisme. Mais ce reproche est-il fondé ? Ne doit-on pas voir dans la machine un moyen pour l'homme de gagner en liberté, puisqu'elle permet de produire plus efficacement ? Tout dépend des fins que l'on poursuit par une production toujours croissante. C'est ce problème de l'impact de l'industrialisation qu'analyse Bergson dans ce texte extrait des *Deux Sources de la morale et de la religion*. Pour le philosophe, l'industrie, et plus particulièrement le machinisme qui la sert, peut aussi bien être source de libération que d'aliénation en fonction des buts qu'on lui assigne. Bergson dénonce ici une mauvaise gestion de l'industrie et appelle à revoir les priorités que la société se donne. Il montre d'abord que la gestion politique de l'industrie est discutable : l'industrialisation a suscité un mode de consommation superflu et créé de nouveaux besoins qui n'en sont pas réellement, alors qu'elle devrait d'abord servir la satisfaction des besoins essentiels de l'humanité (l. 1 à 8). Or, quand on fait le procès du machinisme, on l'accuse d'aliéner l'ouvrier (l. 8 à 10). Mais ce ne sont là que de faux reproches, car le machinisme peut aussi bien être source de liberté que d'aliénation (l. 10 à la fin). Alors, est-ce la technique en elle-même qui est source d'asservissement, ou bien peut-on agir pour qu'elle ne soit que bénéfique ?

I. L'industrie cherche le profit au lieu de servir la satisfaction des besoins de tous

La technique est l'ensemble des moyens permettant d'obtenir une fin prédéterminée. En ce sens, elle semble au service de l'homme. Or, Bergson remarque que l'industrie, utilisation organisée de machines qui permet de produire de grandes quantités de marchandises ou de services, « ne s'est pas assez souciée de la plus ou moins grande importance des besoins à satisfaire » (l. 1-2). Il sous-entend que le but premier de la technique a été perverti avec l'avènement de l'industrialisation : elle n'est plus au service de la satisfaction des besoins humains.

Elle fabrique « sans autre pensée que de vendre » (l. 3-4). Son but est le profit, c'est pourquoi elle se concentre sur la production massive de ce qui plaît au plus grand nombre. Notons que ce n'est pas la production industrielle qui suscite la mode, puisqu'elle se contente de la suivre. Au lieu d'être centrée sur l'essentiel, elle instaure de nouveaux besoins et rend le superflu plus important que le nécessaire. La mode renvoie à un engouement

Je comprends les corrigés

L'introduction commence par une **accroche** qui amène le sujet. On part ici d'une référence cinématographique pour interroger l'idée qu'elle véhicule.

On présente le **problème** dont traite le texte.

On précise le **nom de l'auteur** et le **titre de l'ouvrage** d'où est extrait le texte.

On présente la **thèse**.

On présente le **plan** du texte en utilisant des **liens logiques** pour montrer comment les idées s'enchaînent.

On commence par conceptualiser la notion centrale du texte, à savoir la **technique**, puis plus particulièrement celle d'**industrie**, afin de préciser de quoi l'on parle.

On pourrait opposer cette **remarque** à la vision de Marx, pour qui ce sont les modes de production qui créent de nouveaux pseudo-besoins et donc de nouvelles modes.

Le terme de « **mode** » est à analyser : ici, il a beaucoup d'implication parce qu'il s'oppose aux « besoins ».

éphémère mais massif soit pour des objets que l'on se procure dans les grands magasins, soit pour des services ou activités comme des séjours à la mer. Or, ce sont les classes aisées qui ont accès à ce luxe. On comprend alors qu'une gestion des moyens industriels visant la satisfaction des désirs des plus aisés au détriment des besoins de tous soit problématique.

On comprend dès lors le vœu de Bergson : revenir à la fonction première de l'industrie, permettre la satisfaction des besoins humains. À l'instar de Bergson, Marx dénonçait déjà la société capitaliste qui cherche à tout transformer en besoin, et particulièrement le superflu, afin de faire des bénéfices toujours plus grands. Ce n'est donc pas l'industrie elle-même qui est en cause, mais la manière dont elle est gérée. C'est la raison pour laquelle Bergson en appelle à une « pensée centrale, organisatrice » (l. 4-5), c'est-à-dire à une gestion politique et économique plus rationnelle, davantage conforme à ce qu'est au départ la technique et à sa fonction première : « rendre le plus de services à l'humanité » (l. 6-7).

Ainsi, on devrait, dans la gestion de l'industrie, se soucier davantage de satisfaire les besoins de tous que d'en créer de nouveaux superflus. Or, ce n'est pas là le premier reproche que l'on fait ordinairement à l'industrie : il en est de plus courants, mais moins légitimes selon Bergson, qui portent particulièrement sur le machinisme.

N'hésitez pas à prendre des **exemples** qui s'inscrivent dans le contexte historique du texte.

On rapproche l'analyse de Bergson de celle de **Marx** lorsqu'il critique le capitalisme. Exploitez vos connaissances, citez d'autres auteurs lorsqu'ils permettent de clarifier les propos du texte.

Citez régulièrement le texte afin d'en expliquer les termes essentiels.

La **transition** permet de comprendre le lien entre la première partie du texte et sa deuxième partie.

II. Or, le reproche ordinairement fait au machinisme est d'aliéner l'ouvrier

Le machinisme est le moyen dont se dote l'industrie afin de rentabiliser davantage sa production. Les machines sont en effet plus efficaces que les hommes et produisent à un rythme soutenu. Elles sont à distinguer de l'outil parce qu'elles sont plus complexes et ne nécessitent pas l'utilisation de la force musculaire, ayant une source d'énergie qui leur est propre. Le premier reproche adressé au machinisme est de « réduire l'ouvrier à l'état de machine » (l. 9). On peut voir dans ce reproche une référence à Marx, pour qui le travail à la chaîne fait de l'ouvrier un simple exécutant de gestes automatisés. Par la division des tâches, l'ouvrier doit adapter son rythme de travail à celui de la machine. De plus, il est réduit à ne participer qu'à une partie de la fabrication de l'objet et ne contrôle pas la totalité du processus de production. Il n'est qu'un maillon de la chaîne et, ses gestes étant relativement simples, il est facilement remplaçable. L'ouvrier perd alors toute dignité, il est réduit au rang de force de travail exploitable et devient lui-même une marchandise. Marx voit donc dans le travail une aliénation qui fait de l'homme une simple machine.

Le second reproche ordinairement adressé au machinisme est d'« aboutir à une uniformité de production qui choque le sens artistique » (l. 9-10). En effet, le travail à la chaîne produit de manière uniforme des objets similaires et ne laisse à l'ouvrier aucune possibilité d'ancrer dans l'objet son empreinte. Il brise donc l'inventivité de l'ouvrier. La production se distingue ici de la création artistique : elle refait inlassablement la même chose, alors que la création consiste à faire du nouveau, de l'original. Les objets produits par l'industrie sont identiques, et de ce fait peuvent être dévalorisés par rapport à l'œuvre d'art, qui est toujours unique et singulière.

Il faut commencer par définir le **machinisme** et montrer son lien avec l'industrie.

aliénation : dépossession de soi, de son humanité. L'aliénation renvoie aussi à la privation de liberté.

Utilisez des **distinctions conceptuelles** pour expliquer le texte, vous gagnerez en précision. Ici, on oppose « production » à « création » et « identique » à « unique ».

On a donc tendance à dévaloriser le machinisme et à ne le considérer que comme source de maux. Néanmoins, Bergson ne partage pas cet avis : le machinisme n'est pas en lui-même nécessairement source d'aliénation.

La **transition** opère le passage de l'explication de la deuxième partie du texte à celle de la troisième partie.

III. Mais les machines pourraient être sources de liberté

La machine, étant plus efficace, devrait permettre de réduire le temps de travail et « procurer à l'ouvrier un plus grand nombre d'heures de repos » (l. 11). Le véritable problème est alors celui de la façon dont l'ouvrier profite de ce temps libre. Bergson distingue deux possibilités.

La dernière phrase est longue : pour bien l'expliquer, il faut opposer dans deux paragraphes distincts les **deux attitudes** que l'ouvrier peut avoir face à une augmentation de son temps libre.

Soit l'ouvrier occupe ce temps à de « prétendus amusements » (l. 13), c'est-à-dire à des loisirs superflus qui ne permettent aucunement de développer ses facultés. Il est alors soumis à l'industrie de loisirs et perd sa liberté. Pour Hannah Arendt, lorsque l'industrie s'empare des œuvres culturelles et les modifie pour les rendre accessibles à tous et faciles à consommer, elle anéantit la culture elle-même et crée une société de loisirs.

La référence à **Hannah Arendt** permet d'approfondir la réflexion sur l'idée des « prétendus amusements » que cite rapidement Bergson.

Soit l'ouvrier use de ce temps libre à des occupations lui permettant de développer son intelligence, c'est-à-dire ses connaissances et compétences. Si l'homme sort de la soumission à la société de consommation et choisit les activités qui occuperont son temps libre, il se libère en ce que son activité aura été « choisie » par lui et non imposée par l'industrialisme. Cette seconde possibilité permet de voir émerger la libération grâce aux machines.

L'**intelligence** n'est pas à comprendre au sens restreint comme simple faculté d'adaptation, mais au sens large comme ensemble des facultés proprement humaines.

Il est « impossible » de revenir à l'outil en se défaisant des machines. On pourrait même penser que ce n'est pas souhaitable, puisque l'outil nécessite l'utilisation de la force musculaire et fatigue davantage l'ouvrier tout en étant moins efficace que les machines, raison pour laquelle il ne peut permettre qu'un développement restreint de l'intelligence. En revanche, ce qui est souhaitable, c'est de remettre l'industrie et le machinisme à leur place, de leur redonner les fins qu'ils devraient avoir : servir les hommes, et non les asservir au nom du profit.

Conclusion

Bergson nuance dans ce texte le procès fait au développement technique, et plus particulièrement à l'industrie et au machinisme dont elle use : le progrès technique n'est pas en lui-même aliénant, il pourrait même engendrer la libération de l'ouvrier, à condition cependant d'être employé conformément à son essence, c'est-à-dire au service des besoins réels de l'humanité. Ce qui aliène, ce sont les fins que poursuivent la politique et l'économie lorsqu'elles visent le profit avant le déploiement de l'humanité en tout homme.

Dissertation → p. 114

Corrigé rédigé

Introduction

« Le travail, c'est la santé » dit la chanson. Mais n'est-ce pas dans le repos que la santé se retrouve ? Car le malade ne va pas travailler. « Le travail, c'est la santé » semble être une maxime dépassée à l'heure où le travailleur n'aspire plus qu'à quitter son poste de travail pour se divertir et se reposer. Mais alors, pourquoi travaillons-nous ? Si le travail est synonyme d'effort et de pénibilité, il faut, pour comprendre cet acharnement à travailler dont l'homme fait preuve, examiner le gain qu'il en retire. Que gagnons-nous à travailler ? Certes, il semble que le gain premier du travail soit le produit qu'il permet de réaliser ou le salaire qui le récompense. Cependant, un tel gain est immédiatement réinvesti et consommé, si bien que l'on perd plus dans le travail qu'on y gagne. Mais le travail n'aurait-il pas par ailleurs des vertus morales ? N'y gagne-t-on pas une certaine liberté ? Reste que tout travail n'est pas épanouissant, si bien qu'il faut distinguer différentes formes de travail pour analyser le gain qu'on en retire.

L'**accroche** amène le sujet en montrant pourquoi la question se pose. Ici, on met en évidence un paradoxe qui justifie la question.

L'introduction doit poser le **sujet**.

Le passage d'une idée à l'autre doit être assuré par des **liens logiques** qui montrent la progression de l'analyse.

I. Le travail permet de gagner des biens matériels

On nomme « travail » toute transformation de la nature en vue de satisfaire ses besoins. Il y a travail à partir du moment où l'homme retire de cette transformation de la nature plus que ce dont il a immédiatement besoin. Le travail se définit alors par le gain : c'est lorsqu'il y a possession puis accumulation de biens qu'il y a travail. Le gain est donc le surplus que l'on ne possédait pas, le produit ajouté réalisé par le travail.

Il en est de même du travail salarié : l'ouvrier qui travaille à l'usine gagne un salaire qui lui permet ensuite d'acheter ce qui lui plaît ou ce dont il a besoin. C'est ainsi que le but de l'entreprise est, grâce au travail des employés, de gagner en productivité et de faire des bénéfices. Ce que l'on gagne à travailler, ce sont des biens matériels dont la possession va au-delà de nos besoins premiers.

Si nous travaillons, c'est d'abord pour avoir plus de biens matériels qu'auparavant. Mais est-ce toujours le cas ? Et la possession de biens matériels est-elle véritablement un gain ?

- Les analyses conceptuelles ne doivent pas être développées pour elles-mêmes, mais toujours en vue de développer l'analyse du sujet.
- Ici, on définit la notion de **travail** pour la mettre en rapport avec celle de **gain**.

Dans la **transition**, vous devez interroger, remettre en cause vos idées. Demandez-vous toujours quelles objections on pourrait faire à la thèse que vous venez de développer.

II. Le travail n'est pas toujours source de gain matériel

Le gain retiré du travail est généralement un salaire. Or, du point de vue de l'entreprise, ce salaire ne doit pas être trop élevé pour permettre à cette dernière de gagner plus qu'elle n'investit. Grâce à son salaire, le travailleur peut se nourrir, se loger, veiller à sa conservation. Par conséquent, le salaire n'est que le moyen par lequel le capitaliste permet à la force de travail de se reconstituer pour qu'elle puisse continuer à l'enrichir. Il en est de même pour les congés payés : ceux-ci rendent possible le repos nécessaire à la régénérescence de la force de travail. On peut alors parler, avec Marx, d'exploitation de l'homme par l'homme, qui apparaît surtout avec la spécialisation croissante que l'on voit se développer au XIXe siècle.

régénérescence : renouvellement, renaissance.

Il n'y a alors de gain que pour l'employeur. Le travailleur, lui, ne gagne rien : il donne autant (voire plus) qu'il reçoit. La recherche du gain modifie la forme du travail et ce que l'on y gagne : si travailler pouvait permettre d'accumuler, il semble qu'à l'ère capitaliste, il faille d'abord avoir accumulé pour faire travailler les autres et continuer à accumuler. Ce n'est donc pas le travailleur qui gagne à travailler, mais le capital qui se développe du travail d'autrui. Le gain du travailleur étant immédiatement réinvesti au profit de son travail, il est illusoire. On pourrait dire alors qu'on perd sa vie à la gagner.

N'hésitez pas à exploiter vos **connaissances**, aussi bien philosophiques qu'historiques.

Il faut se demander qui est « on » dans la question et distinguer **ce que gagne l'ouvrier** de **ce que gagne l'employeur**.

Le travail doit donc, pour le travailleur, être autre chose qu'une source de revenus, sans quoi il est dévalorisé et n'est plus considéré que comme un moyen de subsistance. Ici, on gagne autant que ce que l'on donne : sa vie. Le travail ne procurerait-il pas alors autre chose que des biens matériels ?

En **transition**, on tire les conséquences de ce qui précède pour approfondir l'analyse.

III. Le travail a une valeur morale

Le chômeur ne revendique pas seulement un travail pour pouvoir satisfaire ses besoins. Il revendique également son droit au travail parce que le travail lui permet de s'épanouir et d'être reconnu, de s'intégrer dans la société. Par conséquent, on trouve dans le travail un sens à sa vie.

Dans *Le Mariage de Figaro de Beaumarchais*, le valet dit au seigneur : « Qu'avez-vous fait dans la vie, sinon vous donner la peine de naître ? ». Apparaît ici l'idée que la valeur d'un homme s'éprouve par le travail. Celui-ci lui donne l'occasion de réaliser son essence en développant toutes les facultés qui, sans le travail, resteraient inemployées. C'est le travail et non la « naissance », dit Kant, qui permet de parvenir à l'estime de soi. Le travail aurait alors une valeur morale. Kant montre, dans le *Traité de pédagogie*, que le travail empêche le repli sur soi et détourne de l'ennui, qui pourrait être source de mal-être psychologique. De plus, il habitue l'homme à la discipline et aux contraintes, ce qui favorise le développement de la capacité à s'obliger soi-même d'un point de vue moral. Le travail n'est donc pas dénué de gain : il est ce par quoi l'on apprend à dominer ses passions et à vivre en société.

N'hésitez pas à exploiter vos **connaissances littéraires** : elles peuvent introduire ou illustrer une idée tout en manifestant votre culture générale. Cela montre aussi au correcteur que vous maîtrisez l'idée que vous développez, puisque vous êtes capable de la penser dans une situation concrète.

Reprenez régulièrement les termes du sujet. Dire explicitement à la fin d'un paragraphe ce que l'on conclut du développement précédent relativement au sujet permet d'éviter le hors-sujet.

Ainsi, le travail trouverait son intérêt premier non pas dans le gain matériel qu'il prétend fournir, mais dans le gain spirituel. Le travailleur se forme par son travail, il s'y constitue en tant qu'être véritablement humain. Le travail permet aussi à l'homme de se libérer du joug de la nature en la transformant, et donc de gagner temps et énergie, ce qui favorise le développement de l'esprit et la prise de conscience de soi.

Le travail permet de gagner en liberté **par rapport à la nature**, mais aussi **par rapport à soi-même** dans la mesure où il nous oblige à nous discipliner nous-mêmes.

Ce que l'on gagne avant tout à travailler, c'est donc l'indépendance et l'autonomie, et ainsi l'épanouissement. Mais affirmer ceci, n'est-ce pas se bercer d'illusions ?

Dans la **transition**, on interroge la thèse pour approfondir l'analyse.

IV. Le travail est la meilleure des polices, c'est l'acte créateur qui libère

Que le travail ait une valeur positive et libératrice, n'est-ce pas justement ce que l'on veut nous faire croire pour mieux nous aliéner ? C'est ce qu'affirme Nietzsche lorsqu'il écrit que « le travail est la meilleure des polices ». Le labeur justifie sa dureté par son caractère formateur. Il est nécessaire de s'y soumettre, disent les mystificateurs, car la valeur morale d'un homme s'évalue par sa capacité à endurer les souffrances et à travailler. Selon Nietzsche, ce n'est qu'un discours moralisateur qui vise à abêtir le troupeau. Rompu par le labeur, le travailleur n'a plus la force ni de réfléchir ni de se rebeller contre des conditions de travail inhumaines. Le gain illusoire que l'on nous fait miroiter est situé dans un au-delà religieux : le paradis promis à ceux qui agissent « moralement ». Ce gain, explique Nietzsche, n'est qu'une mystification.

labeur : travail difficile et pénible.

Expliquez toujours les **citations**.

mystification : tromperie.

Au « dur labeur » qui occupe le travailleur du matin au soir, Nietzsche oppose le travail créateur. Le travail comme source de gain serait celui qui donne plus que ce qu'on y a sacrifié. Gagner, c'est dépasser ce que l'on est déjà. Avoir plus ne sert à rien tant que l'on n'est pas plus. Aristote évoque la fable du roi Midas pour expliquer le peu de valeur de la possession en elle-même : Midas, ayant reçu la possibilité d'exaucer un de ses vœux, souhaita que tout ce qu'il touche se transforme en or. Bien mal lui en prit : il ne put alors absorber ni nourriture ni boisson, puisque tout ce qu'il touchait se transformait en or. Cette fable nous apprend que les biens peuvent s'accumuler en vain. Le travail comme source de gain n'est donc pas celui qui fait avoir, posséder, mais celui qui fait être.

Comme le travail peut être vu aussi bien positivement que négativement, il est bon de distinguer ici les formes qu'il peut prendre : le **labeur** et le **travail créateur**.

La distinction entre **avoir** et **être** permet de comprendre que le gain n'est pas que d'ordre matériel.

Travailler, c'est mettre en œuvre ses compétences, les développer et acquérir une certaine conscience de soi. Le travail créateur semble alors le plus valorisant. Il permet de se libérer de tout ce qui pourrait nous contraindre : de la domination d'autrui et de la société, en s'affirmant en tant qu'individu singulier, et de la nature, en la transformant et l'humanisant.

Conclusion

La valeur du travail réside dans sa vertu humanisante et socialisante, ou encore morale. Mais méfions-nous des mystificateurs : tout travail n'est pas épanouissant ni source de gain. Le dur labeur imposé fait plutôt perdre à l'homme son humanité. En ce sens, on ne gagne à travailler qu'à condition que l'effort produit soit source de création et de reconnaissance de soi. Il faut donc distinguer le dur labeur aliénant et le travail créateur. Seul ce dernier est source de gain : on y gagne notre liberté et notre humanité, l'affirmation et la conscience de ce que l'on est.

Dans la conclusion, rappelez le cheminement de votre réflexion et **répondez clairement à la question** posée.

SUJET 9

20 pts

4 H

La vérité

EXPLICATION DE TEXTE *Logique*, Emmanuel Kant 124

Perspective La connaissance

La liberté

DISSERTATION Être libre, est-ce faire ce qui nous plaît ? 128

Perspective La morale et la politique

› CORRIGÉS 131

Explication de texte

20 pts — 4 H → Corrigé p. 131

› Expliquez le texte suivant.

TEXTE ***Logique*, Emmanuel Kant**

Lorsque, dans les matières qui se fondent sur l'expérience et le témoignage, nous bâtissons notre connaissance sur l'autorité d'autrui, nous ne nous rendons ainsi coupables d'aucun préjugé ; car, dans ce genre de choses, puisque nous ne pouvons faire nous-mêmes l'expérience de tout ni le comprendre par notre propre intelligence, il faut bien que l'autorité de la personne soit le fondement de nos jugements. Mais lorsque nous faisons de l'autorité d'autrui le fondement de notre assentiment[1] à l'égard de connaissances rationnelles, alors nous admettons ces connaissances comme simple préjugé. Car c'est de façon anonyme que valent les vérités rationnelles ; il ne s'agit pas alors de demander : qui a dit cela ? mais bien qu'a-t-il dit ? Peu importe si une connaissance a une noble origine ; le penchant à suivre l'autorité des grands hommes n'en est pas moins très répandu tant à cause de la faiblesse des lumières[2] personnelles que par désir d'imiter ce qui nous est présenté comme grand.

Emmanuel Kant, *Logique*, 1800.

1. *Donner son assentiment* : approuver et tenir pour vrai.
2. *Lumières* : ici, connaissances.

La connaissance de la doctrine de l'auteur n'est pas requise. Il faut et il suffit que l'explication rende compte, par la compréhension précise du texte, du problème dont il est question.

Analyser le texte

ÉTAPE 1 Lire le texte

- **Lisez le texte plusieurs fois** afin d'en saisir le sens général.
- **Repérez les notions en jeu.** Ce texte traite de la **vérité** et de la **raison**, mais aussi de la **liberté** puisqu'il appelle à penser par soi-même et à ne pas être soumis à autrui en matière de connaissances.

ÉTAPE 2 Comprendre le texte

- **Reformulez les idées, phrase par phrase.** Écrivez au brouillon les idées du texte au fur et à mesure de votre lecture.
- **Repérez les termes importants** qu'il faudra définir :
  – Par exemple, pour expliquer la première phrase, il faudra préciser ce que sont « les matières qui se fondent sur l'expérience et le témoignage », déterminer ce que désigne « l'autorité d'autrui » et définir « préjugé ».
  – Kant distingue deux sortes de connaissances : celles qui sont issues de l'expérience et celles qui proviennent de la raison.
- **Évitez les erreurs d'interprétation.** Dans ce texte, l'autorité ne désigne pas le pouvoir qui s'imposerait tyranniquement à nous, mais la compétence (ce qui « fait autorité »).

› Exercices

1) Donnez un exemple de connaissance issue de l'expérience ou du témoignage d'autrui, puis expliquez pourquoi cette connaissance fondée sur l'autorité d'autrui n'est pas un préjugé.

....

....

....

....

....

....

....

Les conseils du prof !

- Un **préjugé** est un jugement auquel on adhère sans réflexion personnelle. On juge avant (« pré ») d'avoir réfléchi.
- Autrui fait preuve d'**autorité** lorsqu'on lui reconnaît des compétences spécifiques. Par exemple, un médecin détient l'autorité en ce qui concerne le diagnostic d'une maladie.

2) Néanmoins, la raison n'a-t-elle pas un rôle à jouer lors de l'adhésion à ce que dit autrui pour éviter le préjugé ?

....

....

....

....

....

....

....

....

Pour répondre à cette question, demandez-vous :
– Doit-on croire tout ce que l'on nous dit ?
– Comment savoir si ce que l'on nous dit est vrai ?
– Pour cela, ne faut-il pas réfléchir ?

Dégager les éléments essentiels du texte

ÉTAPE 1 **Repérer les idées importantes et la structure logique du texte**

- **Relevez les grandes idées du texte** et reformulez l'idée de chaque partie en une phrase.
- **Dégagez la structure logique du texte** en vous aidant des connecteurs logiques (« car », « puisque », « lorsque »…).

ÉTAPE 2 **Repérer et formuler la thèse**

- **La thèse du texte est son idée principale**, ce que le texte cherche à démontrer.
- **Vous devez faire le lien entre la thèse et chacune des parties du texte.** Si ce n'est pas le cas, c'est que votre formulation est incomplète.

ÉTAPE 3 **Repérer et formuler le problème**

- **Dégagez les questions** que soulève le texte :
  – Si tout apprentissage de la vérité commence par l'adhésion à des jugements qui nous sont transmis, ne faut-il pas cependant s'affranchir de toute autorité pour éprouver par sa raison la vérité ?
  – Penser véritablement, n'est-ce pas penser par soi-même ?
  – Détenir la vérité, n'est-ce pas toujours pouvoir la démontrer par sa propre raison ?
  – Mais peut-on **vraiment exclure tout recours aux autorités compétentes en telle ou telle matière ?**
- Le problème abordé par le texte concerne **le rapport** entre la **recherche de la vérité** et l'**enseignement** qui transmet cette vérité.

› Exercices

1) Formulez le plan de ce texte en précisant par une phrase l'idée de chaque partie. Mettez en évidence les liens entre les parties en utilisant des connecteurs logiques.

I. ....

....

II. ....

....

III. ....

....

2) Formulez la thèse du texte.

....

....

....

....

....

....

....

Les conseils du prof !

- Aidez-vous des **connecteurs logiques** présents dans le texte pour dégager sa structure logique.
- Par exemple, « Mais lorsque » (l. 7) indique que Kant va analyser un second genre de connaissances. On passe alors à la deuxième partie.

Les parties et la thèse doivent être données sous forme de **phrases affirmatives**, et non d'interrogations.

Rédiger l'explication de texte

ÉTAPE 1 Rédiger l'introduction

- **Amenez le problème** par une accroche pertinente et percutante.
- **Présentez le texte** en mentionnant son auteur et l'ouvrage d'où il est extrait.
- **Annoncez la thèse** soutenue par le texte.
- **Dégagez la structure logique du texte.** Il s'agit de son plan.
- **Veillez à l'unité de votre introduction.** Ne passez pas d'une idée à l'autre sans qu'elles aient de lien entre elles.

ÉTAPE 2 Rédiger le développement

- **Suivez le plan du texte.** Votre explication doit être linéaire.
- **Ne vous contentez pas de paraphraser le texte.** Expliquez-le en définissant les termes importants et en donnant des exemples.

› Exercices

1) Rédigez un paragraphe qui explique la proposition suivante :
« C'est de façon anonyme que valent les vérités rationnelles. »

....

....

....

....

....

Les conseils du prof !

Cet exercice a pour but de vérifier que vous avez bien compris le texte.

2) Indiquez si chaque phrase est vraie ou fausse par rapport au texte.

a. Il faut toujours faire confiance à autrui.
☐ Vrai ☐ Faux

b. Pour acquérir des connaissances rationnelles, il faut penser par soi-même.
☐ Vrai ☐ Faux

c. Les hommes ont tendance à croire ceux qui sont considérés comme compétents dans une matière.
☐ Vrai ☐ Faux

d. Les hommes ont du mal à penser par eux-mêmes.
☐ Vrai ☐ Faux

e. Il faut toujours croire son professeur de mathématiques.
☐ Vrai ☐ Faux

f. Nous devons avoir des préjugés.
☐ Vrai ☐ Faux

g. Les connaissances rationnelles sont issues de l'expérience.
☐ Vrai ☐ Faux

Vous devez pouvoir expliquer pourquoi chaque phrase rend compte ou non du sens du texte.

› Je rédige l'explication de texte

Imprimez votre copie pour rédiger

Soignez votre rédaction :
– N'utilisez pas de mots ou de tournures que vous ne maîtrisez pas.
– Faites des phrases correctes syntaxiquement.
– Soignez les liens entre les phrases en utilisant des connecteurs logiques.

Dissertation 20 pts 4 H → Corrigé p. 134

› Être libre, est-ce faire ce qui nous plaît ?

Analyser le sujet

ÉTAPE 1 Repérer et définir les mots-clés

- **Définissez les termes du sujet :**
  - **« Libre »** : c'est la notion centrale du sujet. Listez les conceptions de la liberté que vous connaissez.
  - **« Est-ce »** : le sujet interroge l'essence de la liberté. Qu'est-ce que la liberté ?
  - **« Faire ce qui nous plaît »** : cette expression peut désigner plusieurs attitudes différentes qu'il faudra dégager.

ÉTAPE 2 Problématiser le sujet

- **Dégagez les questions** que soulève le sujet :
  - Qu'est-ce qui peut faire obstacle à la liberté ?
  - Faire ce qui nous plaît ne peut-il pas, en un sens, nous empêcher d'être libre ?
- **Le sujet interroge une opinion commune.** Il semble *a priori* évident que la liberté consiste à faire ce qui nous plaît. Il faudra donc montrer que l'on peut remettre en cause cette opinion courante.

› Exercices

1) Trouvez plusieurs expressions synonymes de « faire ce qui nous plaît » et analysez-les. Ont-elles toutes le même sens ?

....

....

....

....

....

....

2) Identifiez quels sont les notions et repères au programme que ce sujet implique, puis expliquez pourquoi.

Notions : ....

....

....

Repères : ....

....

....

Les conseils du prof !

- Il ne s'agit pas ici de lister ce qui vous plaît, mais d'**analyser le sens de l'expression**, donc de réfléchir à ce qui se passe quand on fait ce qui nous plaît.
- Pensez que « **plaisir** » est de la même famille que « plaire ».
- Vous devez dégager **deux sens différents** de « faire ce qui nous plaît ».

- Prenez la **liste des notions et repères au programme** et demandez-vous en quel sens ils pourraient être exploités pour traiter le sujet.
- Pour vous aider, posez-vous les questions suivantes :
  - De quoi dit-on que cela nous plaît ?
  - Choisit-on ce qui nous plaît ?

3) Problématisez la question à partir de l'analyse des termes du sujet.

a. Complétez le schéma suivant.

Être libre, est-ce faire ce qui nous plaît ?

Oui : ……………………………………………

……………………………………………

……………………………………………

Non : ……………………………………………

……………………………………………

……………………………………………

Thèse 1 : ……………………

Thèse 2 : ……………………

Thèse 3 : ……………………

Thèse 4 : ……………………

Cette façon de faire peut paraître mécanique, mais elle permet de dégager plusieurs **axes d'analyse**.

Pour compléter ces cases, mettez la question sous forme **affirmative** ou **négative**, en conservant ses termes.

Pour formuler chaque thèse, remplacez « faire ce qui nous plaît » par les **deux sens** de cette expression dégagés lors de l'exercice précédent.

b. Parmi les quatre thèses dégagées, laquelle vous semble la moins plausible ?

……………………………………………………………………………………

La thèse la moins plausible sera celle que l'on ne défendra pas dans la dissertation.

c. Pour chacune des trois thèses restantes, trouvez un argument qui la justifie.

Thèse 1 : ……………………………………………………………………

……………………………………………………………………………………

Thèse 2 : ……………………………………………………………………

……………………………………………………………………………………

Thèse 3 : ……………………………………………………………………

……………………………………………………………………………………

Justifier consiste à montrer pourquoi on peut penser de cette manière. Vous devez donc montrer pour quelles raisons on pourrait affirmer chacune des thèses.

d. En reprenant les thèses et arguments dégagés, rédigez un court paragraphe qui formule la problématique.

……………………………………………………………………………………

……………………………………………………………………………………

……………………………………………………………………………………

Cet exercice nécessite que vous **hiérarchisiez les thèses** en allant de la plus évidente à la plus réfléchie.

Rédiger la dissertation

ÉTAPE 1 **Construire le plan au brouillon**

- **Identifiez et hiérarchisez les idées de chaque partie.** Lors de la problématisation, trois thèses ont été dégagées. Chaque partie va donc défendre une de ces thèses.
- **Déterminez les arguments, les exemples et les références** que vous allez utiliser pour défendre chaque thèse. Ne rédigez pas tout au brouillon : vous manqueriez de temps.
- **Rédigez les transitions entre les parties.** Vous devez le faire au brouillon afin de vous assurer de la cohérence de votre plan.

ÉTAPE 2 **Rédiger l'introduction**

- **Rédigez l'introduction au brouillon.**
- **Justifiez le sujet.** Ne posez pas directement le sujet, mais montrez pourquoi la question se pose en amenant un paradoxe.

ÉTAPE 3 **Rédiger le développement**

- **Suivez votre plan.** Si une nouvelle idée vous vient à l'esprit durant la rédaction, assurez-vous qu'elle ne remette pas en cause la direction choisie au départ.
- **Évitez le hors-sujet.** Ajouter de nouvelles idées peut parfois mener au hors-sujet, soyez vigilant !

› Exercice

Complétez le plan suivant en donnant pour chaque partie trois arguments et pour chaque argument un exemple.

I. Celui qui fait ce qui lui plaît paraît libre.

A) La liberté suppose l'absence de contraintes.

Exemple : ....

B) ....

Exemple : ....

C) ....

Exemple : ....

II. ....

A) ....

Exemple : ....

B) ....

Exemple : ....

C) ....

Exemple : ....

III. ....

A) ....

Exemple : ....

B) ....

Exemple : ....

C) ....

Exemple : ....

Les conseils du prof !

- Lorsque vous construisez votre plan, **faites des phrases** pour formuler l'idée de chaque partie.
- Ne vous contentez pas de noter simplement « oui » ou « non », c'est beaucoup trop vague.

- Chaque paragraphe doit proposer un **argument** qui justifie la thèse et éventuellement un **exemple**.
- Notez dans votre plan les **références** que vous allez exploiter.
- Vous pouvez aussi, pour gagner du temps, surligner les références sur votre brouillon de la même couleur que vous surlignerez l'argument dans le plan.

› Je rédige la dissertation

Imprimez votre copie pour rédiger

SUJET 9 CORRIGÉS

Dans un souci de clarté, le plan des corrigés est explicité par des titres.
Cependant, la copie que vous rédigerez le jour de l'épreuve ne doit en comporter aucun.

Explication de texte → p.124

Je comprends les corrigés

Exercice 1 : Analyser la notion de connaissance fondée sur l'autorité d'autrui

Lorsqu'autrui me décrit un pays lointain que je ne connais pas, je peux le croire parce qu'il vient de visiter ce pays, et j'y suis même obligé dans la mesure où je ne peux moi-même visiter ce pays. Je peux certes faire des recherches pour voir si ce qu'il dit est corroboré par d'autres, mais là encore, je ne ferai que me fier à ce que l'on me dit. Ce genre de connaissance ne peut être acquis par l'exercice de la raison : il relève du jugement que l'on peut constituer à partir des dires d'autrui. Cependant, ce n'est pas un préjugé dans la mesure où l'on considère qu'un préjugé est un jugement que l'on fait avant d'avoir réfléchi par soi-même. Si nous adhérons aux dires d'autrui, c'est que nous reconnaissons sa compétence et jugeons que son témoignage est vrai. Il en est de même des connaissances historiques : comment pourrions-nous, sans faire confiance aux historiens, savoir que la Révolutions française a eu lieu ? Nous ne pouvons faire l'expérience de cet événement puisqu'il est passé, ni le connaître par un simple raisonnement, par « notre propre intelligence ».

> Prenez des **exemples** pour montrer que vous avez compris ce que sont les « matières qui reposent sur l'expérience et le témoignage ».

> Définissez les **termes importants** pour justifier et préciser vos idées.

Exercice 2 : Analyser le rôle de la raison pour éviter le préjugé

Comment savoir si ce qu'autrui nous dit est vrai ? Il ne s'agit pas, pour Kant, de croire tout ce que l'on nous dit.

Il faut d'abord que celui à qui l'on fait confiance soit compétent relativement à ce qu'il raconte. Il faut avoir des raisons de reconnaître l'autorité d'autrui.

Ensuite, autrui peut vouloir nous tromper. La raison nous appelle alors à la prudence : peut-être faut-il confronter son témoignage à celui d'autres personnes ayant vécu le même événement.

La raison doit aussi examiner si ce qui est dit est cohérent, plausible.

Enfin, il faut avoir conscience de la fragilité de ces connaissances, ne pas les considérer comme des vérités absolues, mais savoir les remettre en cause si un nouvel élément vient jeter le doute sur leur vérité. Sinon, nous nous rendrions coupables de dogmatisme.

> **dogmatisme** : attitude qui consiste à refuser de remettre en cause ce que l'on tient pour vrai. Le dogmatisme est un obstacle à la vérité, puisque celle-ci demande à être toujours réinterrogée.

Exercice 3 : Formuler le plan du texte

I. Les connaissances qui relèvent de l'expérience et du témoignage requièrent l'adhésion aux dires d'autrui lorsqu'il est compétent en la matière. Par conséquent, y adhérer ne consiste pas à se rendre coupable de préjugé (l. 1 à 7).

II. En revanche, les connaissances rationnelles doivent être issues de l'exercice de la raison de chacun, sans quoi elles ne sont que des préjugés sans valeur (l. 7 à 12).

III. Par conséquent, il faut se méfier de ce « penchant » à la soumission aux idées des hommes illustres et user de sa propre raison quand on recherche la vérité (l. 12 à la fin).

Les **connecteurs logiques** font le lien entre les idées et soulignent l'unité du texte.

Exercice 4 : Formuler la thèse du texte

Lorsque nous croyons ce qu'autrui nous dit, nous ne sommes pas coupables de préjugé en ce qui concerne les connaissances qui relèvent de l'expérience, mais nous le sommes pour les connaissances rationnelles que nous nous devons de trouver par l'usage de notre propre raison.

Exercice 5 : Expliquer une proposition du texte

Les vérités rationnelles ne trouvent pas leur valeur dans la compétence de ceux qui les proclament. Elles n'appartiennent à personne en particulier parce que chacun, étant doué de raison, peut refaire par lui-même le raisonnement qui mène à l'établissement de ce genre de vérité. Il ne s'agit pas ici de savoir si la personne affirmant quelque chose est compétente en la matière puisque nous sommes tous, de par notre caractère raisonnable, compétents en ce qui concerne les connaissances rationnelles. Il faut donc se demander quelle est l'affirmation établie afin de l'interroger et de l'analyser par nous-mêmes, en usant de nos propres lumières. Si l'on cherche la vérité, on doit rejeter l'autorité d'autrui afin d'examiner le jugement de manière anonyme, pour lui-même.

Kant met en garde contre l'**assujettissement à autrui** en ce qui concerne la connaissance : la raison, autonome, ne doit pas se soumettre à l'autorité d'autrui lorsqu'elle recherche la vérité, sous peine d'être dans le préjugé.

Exercice 6 : Identifier les phrases en accord avec le sens du texte

a. **Faux.** La confiance ne doit pas être accordée pour les connaissances auxquelles nous pouvons accéder en usant de notre propre raison.

b. **Vrai.**

c. **Vrai.** Selon Kant, deux raisons expliquent cette tendance : la « faiblesse des lumières personnelles », c'est-à-dire le manque de connaissances, et le « désir d'imiter ce qui nous est présenté comme grand ». La paresse et la vanité nous poussent ainsi à faire confiance à ceux qui sont reconnus. Mais ce n'est pas parce qu'ils sont reconnus que tout ce qu'ils disent est vrai. D'autre part, il en va de notre dignité de comprendre les choses par nous-mêmes.

En philosophie, dire que quelque chose est vrai parce qu'Aristote l'a dit (par exemple), c'est se rendre coupable d'**argument d'autorité**. Il faut le démontrer par soi-même.

d. **Vrai.**

e. **Faux.** Certes, il nous enseigne des théorèmes et des règles. Mais si nous ne les comprenons pas par nous-mêmes, nous serons incapables de les appliquer pour résoudre de nouveaux problèmes.

Les **mathématiques** sont une discipline où il faut user de sa raison. Elles sont de l'ordre des « connaissances rationnelles ».

f. **Faux.** Un préjugé est un jugement qui exclut toute réflexion et qui, de ce fait, témoigne d'une soumission à autrui. Nous ne pouvons vouloir nous soumettre passivement par paresse et lâcheté.

g. **Faux.** Il faut différencier ce que nous savons par expérience et les connaissances issues de la raison. C'est sur cette distinction qu'est construit le texte, puisqu'il montre que si nous pouvons nous fier à autrui pour ce qui relève de l'expérience et du témoignage, en revanche, faire sienne une connaissance rationnelle parce qu'elle nous est présentée par autrui sans refaire par soi-même le raisonnement qui atteste de sa vérité, c'est se rendre coupable de préjugé.

Plan détaillé

I. Les connaissances qui relèvent de l'expérience et du témoignage requièrent l'adhésion aux dires d'autrui lorsqu'il est compétent en la matière. Par conséquent, y adhérer ne consiste pas à se rendre coupable de préjugé.

A) Analyse de ce que sont les « matières qui se fondent sur l'expérience et le témoignage ».

B) Raisons pour lesquelles nous devons faire confiance à autrui dans ces matières : on ne peut en faire l'expérience, ni les saisir par nous-mêmes.

Pensez ici à l'analyse faite lors de l'**exercice 1**.

C) Dans ces matières, on ne parlera pas de préjugé si l'on adhère à ce que l'on nous dit, à condition toutefois d'user de sa raison pour savoir si l'on peut croire autrui.

Pour développer ce point, exploitez les éléments trouvés lors de l'**exercice 2**.

II. En revanche, les connaissances rationnelles doivent être issues de l'exercice de la raison de chacun, sans quoi elles ne sont que des préjugés sans valeur.

A) Analyse de ce que sont les « connaissances rationnelles ».

B) Ces connaissances valent de façon anonyme. Par conséquent, les admettre simplement parce qu'autrui nous les enseigne revient à faire preuve de préjugé.

On utilisera ici les éléments mis à jour lors de l'**exercice 5**.

C) Nous devons donc penser par nous-mêmes.

III. Par conséquent, il faut se méfier de ce « penchant » à la soumission aux idées des hommes illustres et user de sa propre raison quand on recherche la vérité.

A) Néanmoins, les hommes sont souvent dans le préjugé en ce qui concerne les connaissances rationnelles.

On donnera pour ce point des **exemples** de préjugés couramment admis. Par exemple, les femmes conduisent moins bien que les hommes.

B) Le préjugé émane d'un manque d'éducation et de connaissances. Il faut donc développer l'éducation.

émaner : venir de.

C) Le préjugé trouve aussi sa source dans la paresse et la vanité des hommes. Pour trouver la vérité, il faut se libérer de l'assujettissement à autrui, ce qui suppose de reconnaître ses faiblesses et de fournir des efforts pour progresser.

Ces deux points sont évoqués dans la **phrase c** de l'exercice 6.

Dissertation → p. 128

Exercice 1 : Analyser le sens de « faire ce qui nous plaît »

« Faire ce qui nous plaît » peut être compris comme « faire ce qui nous fait plaisir ». Cela revient à considérer que l'on fait ce dont on a envie, ce que l'on désire. En effet, le plaisir naît de la satisfaction du désir. Quand on désire une chose, c'est qu'on en manque, et tant que ce désir n'est pas satisfait, on ressent de la frustration. On conçoit ordinairement la liberté comme une absence d'entraves à la satisfaction des désirs, c'est-à-dire comme une absence de contraintes.

Cependant, on ne choisit pas ses désirs. Par exemple, on ne choisit pas de tomber amoureux ou d'avoir envie de manger du chocolat. Or, la liberté suppose que l'on fasse ce que l'on a choisi.

Nos désirs sont **déterminés** par notre vécu, notre éducation, la société, voire notre inconscient. En leur obéissant sans l'avoir vraiment choisi ni y avoir réfléchi, nous nous soumettons à ces facteurs. Or, la liberté exclut la soumission.

Par conséquent, on peut considérer que « faire ce qui nous plaît » peut aussi signifier « faire ce que l'on veut », c'est-à-dire « faire ce que l'on a choisi », ce qui implique que la volonté vienne limiter les désirs lorsqu'ils entrent en conflit avec la réalisation d'un projet.

Par exemple, si vous voulez avoir votre bac, vous devrez certainement travailler et donc **remettre à plus tard la satisfaction de votre désir** de sortir vous amuser.

Exercice 2 : Identifier les notions et repères en jeu

Notions :

La liberté est la notion centrale. Le sujet demande d'analyser son essence, c'est-à-dire de s'interroger sur ce qu'est vraiment la liberté.

La justice, l'État et le devoir sont des notions à exploiter ici. En effet, vivant dans une société politiquement organisée, nous sommes confrontés à des lois. Sont-elles un obstacle à la liberté dans la mesure où elles nous empêchent de faire ce qui nous plaît, ou bien sont-elles au contraire sources de liberté ? Et dans ce cas, la liberté consiste-t-elle toujours à faire ce qui nous plaît ? Ne consisterait-elle pas plutôt à accomplir son devoir ?

On peut penser ici à la conception de la liberté comme **autonomie** telle que la développe Kant.

Repères :

En fait / en droit et possible / impossible : Si, en droit, on considère qu'être libre, c'est accomplir tous nos désirs, en fait, ce n'est pas possible.

Ce qui est **en fait** désigne ce qui existe réellement, alors que ce qui est **en droit** désigne ce qui devrait être.

Obligation / contrainte et légal / légitime : Les lois sont-elles des contraintes, donc des obstacles à la liberté, ou bien sont-elles des obligations qui n'excluent pas la liberté ? Dans le second cas, il faut que le légal soit aussi légitime.

Est **légal** ce qui est conforme aux lois conventionnellement établies par les hommes. Est **légitime** ce qui a ses raisons d'être, ce qui est juste.

Exercice 3 : Problématiser la question à partir de l'analyse des termes du sujet

a.

Être libre, est-ce faire ce qui nous plaît ?

- **Oui :** Être libre, c'est faire ce qui nous plaît.
  - **Thèse 1 :** Être libre, c'est pouvoir assouvir tous ses désirs.
  - **Thèse 2 :** Être libre, c'est faire ce que l'on veut.
- **Non :** Être libre, ce n'est pas faire ce qui nous plaît.
  - **Thèse 3 :** Être libre, ce n'est pas assouvir tous ses désirs.
  - **Thèse 4 :** Être libre, ce n'est pas faire ce que l'on veut.

- **« Faire ce que l'on veut »** a ici le sens de « faire ce que l'on a choisi de faire ».
- La thèse 3 remet en cause la thèse 1, alors que la thèse 2 va développer la nouvelle conception de la liberté qui surgit de cette opposition.

b. La thèse 4 est la moins plausible si l'on considère que faire ce que l'on veut consiste à faire ce qu'il est raisonnable de faire (contrairement à faire ce que l'on désire).

c. **Thèse 1 :** C'est lorsque nous en sommes privés que nous prenons conscience de la liberté. Le prisonnier enfermé dans sa cellule regrette de ne pouvoir aller là où il le souhaiterait, l'écolier contraint de faire ses devoirs aimerait pouvoir continuer à jouer… La liberté s'entend d'abord comme une absence de contraintes, comme la possibilité d'agir à sa guise. Il semble bien alors qu'être libre, c'est faire ce qui nous plaît, ce dont nous avons envie, sans que rien ni personne ne nous en empêche.

Thèse 2 : Si la liberté ne consiste pas dans l'action déterminée par les désirs et si elle suppose le choix, elle doit être conçue en lien avec la volonté, faculté de choisir, de se déterminer. Il faut donc distinguer « faire ce que l'on désire », c'est-à-dire ce qui nous plaît, et « faire ce que l'on veut», ce qui suppose une maîtrise de soi.

Cet argument repose sur l'analyse conceptuelle des termes **« liberté »** et **« volonté »**.

Thèse 3 : Céder à ses désirs, c'est obéir à une tendance que nous n'avons pas choisie. Or, la liberté suppose le choix. Obéir spontanément à tous ses désirs sans vraiment le choisir, c'est finalement en être esclave et se condamner à voir renaître sans cesse ses désirs.

d. Spontanément, nous concevons la liberté comme un état propice à la réalisation de tous nos désirs, et donc comme le fait de faire ce qui nous plaît. Et il est vrai que lorsque nous ne pouvons pas agir à notre guise, nous ressentons une absence de liberté. Mais agir selon ses désirs, même irrationnels, est-ce vraiment être libre ? En effet, le désir étant une tendance, il n'est pas choisi, et lui obéir reviendrait à se soumettre à ce qui détermine les désirs. Or, la liberté exclut la soumission, si bien qu'assouvir tous ses désirs, ce n'est pas être libre. Dès lors, être libre, ne serait-ce pas plutôt faire ce que nous voulons ? La liberté ne nécessite-t-elle pas réflexion, choix, et donc maîtrise de soi, ce qui suppose que l'on ne fasse pas spontanément tout ce qui nous plaît ?

On présente la **thèse 1**, qui représente l'opinion courante, et on en donne une première **justification**.

On **remet en cause la thèse 1** par l'argument de la **thèse 3**.

La **thèse 2** est posée, puis **justifiée**.

Plan détaillé

I. Celui qui fait ce qui lui plaît paraît libre.

A) La liberté suppose l'absence de contraintes.

B) Les deux aspects de la liberté sont le droit et le fait.

Ainsi, être libre, ce serait pouvoir et avoir le droit de faire ce qui nous plaît. Cela suppose de ne rencontrer aucune contrainte factuelle ni formelle. Reste que cet état s'avère impossible : il y a toujours des contraintes. Cela signifie-t-il que la liberté n'est qu'illusion ?

II. La liberté comme pouvoir de faire tout ce que l'on désire est impossible et incohérente.

A) Du point de vue des faits, il est impossible d'accomplir tous nos désirs.

B) Du point de vue du droit, la liberté ne consiste pas à faire ce qui nous plaît.

C) La liberté ne consiste pas dans une satisfaction effrénée des désirs.

Être libre, ce n'est donc pas satisfaire ses moindres désirs sans maîtrise de soi. Ce serait, d'une part, impossible, et, d'autre part, contradictoire. En quoi consiste alors la véritable liberté ?

III. La liberté consiste plutôt à faire ce que l'on veut et donc à se maîtriser soi-même.

A) La liberté suppose de pouvoir agir en vue du bien et requiert donc l'autonomie, qui exclut la recherche de la satisfaction de tous les désirs.

B) La liberté suppose donc la raison, qui permet de guider notre volonté vers le bien, et la maîtrise de soi.

Le plan suivra l'ordre suivant : **thèse 1** – **thèse 3** – **thèse 2** (voir exercice 3).

Si être libre, c'est faire ce que l'on désire, cela suppose de n'avoir aucune contrainte **formelle** (devoirs, interdictions) ni **factuelle** (déterminismes).

Rédigez les **transitions** au brouillon lorsque vous élaborez votre plan afin de tester sa cohérence et le caractère progressif de l'analyse.

Pour **Rousseau**, « quand chacun fait ce qui lui plaît, on fait souvent ce qui déplaît à d'autres, et cela ne s'appelle pas un État libre. La liberté consiste moins à faire sa volonté qu'à n'être pas soumis à celle d'autrui » *(Lettres écrites de la montagne)*.

fiches méthode

- L'explication de texte 138
- La dissertation 141
- L'épreuve orale 144

Qu'est-ce qu'une explication de texte ?

- L'explication de texte consiste à **dégager les enjeux philosophiques et la démarche** d'un passage extrait de l'œuvre d'un des auteurs au programme.
- **Vous devez :**

→ **montrer que vous avez compris le texte** en restituant son sens et en justifiant ses propos ;

→ **mettre en évidence la structure de son argumentation** ;

→ **expliciter le problème philosophique** qu'il exprime ou résout.

Remarque
Expliquer un texte, c'est **justifier ses propos**, rendre explicite ce qui n'est qu'implicite, et **faire surgir son intérêt philosophique** relativement au problème dont il traite. Il ne s'agit pas de simplement résumer de manière superficielle les propos du texte.

Comment procéder ?

1. Analyser le texte

ÉTAPE 1 LIRE LE TEXTE

- **Lisez le texte attentivement et activement** plusieurs fois en surlignant les connecteurs logiques et les termes importants afin d'en saisir le sens général.
- **Repérez les notions et les repères** en jeu dans le texte. Attention, un même texte peut renvoyer à plusieurs notions.

ÉTAPE 2 COMPRENDRE LE TEXTE

- **Reformulez au brouillon les idées** du texte au fur et à mesure de votre lecture.
- **Soyez attentif aux termes importants** dont vous devrez préciser le sens. Certains mots peuvent être polysémiques ou avoir une définition très vague. Ne vous contentez pas de reprendre la définition générale des termes importants : donnez-en une définition précise. Demandez-vous ce que l'auteur peut vouloir dire par ce terme dans le texte précisément.
- **Posez-vous les bonnes questions** pour bien saisir le sens du texte et faire surgir l'implicite :

→ **Que fait l'auteur ?** Est-il en train de poser ou de justifier sa thèse, d'exposer la thèse adverse à la sienne, de prendre un exemple ?

→ **Que dit l'auteur ?** Quel est le contenu, l'idée du texte ?

→ **Pourquoi l'auteur écrit-il ceci ?** Qu'est-ce qui justifie ses propos ? Parfois, les arguments se trouvent dans le texte, mais il arrive qu'ils ne soient pas explicitement donnés. Dans ce cas, c'est à vous de les reconstituer.

→ **N'y a-t-il pas des présupposés, des références implicites ?**

→ **Que pourrait-on objecter à cette idée ?**

Remarques
- Si une phrase est longue et complexe, **analysez d'abord ses parties**.
- Si le sens d'un passage vous échappe, **analysez la suite du texte et revenez ensuite à ce passage** : parfois, le sens s'éclaircit à la lumière de ce qui est dit après.

Remarque
Vous poser ces questions vous permettra d'**éviter la paraphrase**, qui consiste à simplement redire ce que dit le texte.

2. Dégager les éléments essentiels du texte

ÉTAPE 1 REPÉRER LES IDÉES IMPORTANTES ET LA STRUCTURE LOGIQUE DU TEXTE

- **La structure logique du texte est son plan.** Un texte comporte en général deux à quatre parties, chaque partie ayant une unité de sens.
- **Relevez les lignes qui délimitent chaque partie.** Par exemple, la première partie va de la ligne 1 à la ligne 4, la deuxième de la ligne 4 à la ligne 6, etc.
- **Reformulez en une phrase l'idée de chaque partie du texte.** Mettez en évidence les liens entre ces idées en utilisant des connecteurs logiques. Vous cernerez ainsi plus facilement le cheminement de la pensée de l'auteur, la progression des idées et l'unité du texte.

ÉTAPE 2 REPÉRER ET FORMULER LA THÈSE DU TEXTE

- **La thèse est l'idée que défend le texte dans son intégralité.**
- Vous devez pouvoir **faire le lien entre la thèse telle que vous l'avez formulée et chacune des parties du texte**. Si ce n'est pas le cas, c'est que votre formulation est incomplète.
- Attention, **la thèse n'est pas toujours une phrase du texte**. C'est parfois (et même souvent) à vous de la formuler en vous demandant ce que le texte démontre dans son ensemble.

Remarque
La thèse se formule par une **phrase affirmative**, et non par une question, encore moins par un mot.

ÉTAPE 3 REPÉRER ET FORMULER LE PROBLÈME ET L'ENJEU DU TEXTE

- **Le problème est la difficulté que le texte essaie de résoudre ou qu'il fait surgir.**
- C'est à partir de la thèse, qui est une solution au problème, que l'on peut formuler le problème. **Demandez-vous à quelle question répond la thèse.**
- Cette question n'est problématique que si l'on montre que **la réponse n'est pas évidente.** La problématique doit donc **opposer deux thèses**, celle de l'auteur et la thèse adverse, et montrer qu'au moins un argument permet de justifier chacune d'entre elles.
- **L'enjeu du texte est son intérêt philosophique.** Que nous apprend ce texte ? Quel est son intérêt philosophique ? En quel sens permet-il de résoudre de manière pertinente un problème philosophique ? Quelles sont les conséquences de la thèse ?

Remarque
Un texte philosophique est toujours **polémique**, c'est-à-dire que la thèse qu'il propose, parce qu'elle est philosophique, n'est pas évidente ni la seule possible.

3. Rédiger l'explication de texte

ÉTAPE 1 RÉDIGER L'INTRODUCTION

- **Amenez le problème** du texte par une accroche qui le justifie en mettant en évidence un paradoxe.
- **Présentez le texte et la thèse** qu'il soutient, en précisant le titre de l'ouvrage d'où le texte est extrait ainsi que le nom de l'auteur.
- **Formulez le plan du texte.** Prenez soin de mettre en évidence les liens entre chaque partie en utilisant des connecteurs logiques. Précisez les lignes qui délimitent chaque partie. L'idée de chaque partie doit être énoncée par une ou deux phrases.

Remarque
Soignez particulièrement l'introduction. Rédigez-la d'abord au brouillon.

ÉTAPE 2 RÉDIGER LE DÉVELOPPEMENT

- **Procédez de manière linéaire**, en suivant l'ordre du texte. Dans la première partie de votre devoir, expliquez la première partie du texte, puis une transition séparée des parties opérera le passage à l'explication de la deuxième partie, etc.
- Dans chaque partie, **faites des paragraphes** qui examineront chacun un des points du passage en question.
- **Mobilisez vos connaissances :** exploitez les repères, références et citations vus en cours pour éclairer le sens du texte ou interroger ses propos. En revanche, ne récitez pas ce que vous connaissez de la doctrine de l'auteur si cela n'a pas de rapport avec ce qui est dit dans le texte.
- **Citez régulièrement le texte** afin de vous appuyer sur ce qu'il dit. **Conceptualisez les termes importants.**
- **Expliquez les exemples** présents dans le texte, et **prenez vous-même des exemples** pour illustrer vos propos et les ancrer dans le réel.

Remarques
- Votre explication doit être constituée d'une **introduction**, de **2 à 4 parties** et d'une **conclusion**. Les parties doivent être liées par des **transitions**.
- **Conceptualiser un terme** consiste à en donner le sens, à le définir précisément. Vous devez mettre en évidence l'idée présente derrière le mot. Vous gagnerez ainsi en précision et vous serez plus convaincant.

ÉTAPE 3 RÉDIGER LA CONCLUSION

- Récapitulez le **problème**, la **thèse** et les **principaux arguments** du texte.
- Vous pouvez éventuellement mettre en évidence son **intérêt philosophique** et interroger sa **pertinence**.

4. Relire sa copie

- **Relisez attentivement votre devoir.** Corrigez les fautes d'orthographe et de syntaxe, repérez les éventuels oublis de réécriture après avoir effacé un mot, supprimez les possibles doublons…
- **Consacrez au moins dix minutes à cette relecture.**

Qu'est-ce qu'une dissertation ?

- Le sujet de dissertation se présente sous la forme d'une question et vous invite à **élaborer une réflexion rationnelle, cohérente et structurée** sur le problème auquel renvoie le sujet.
- **Vous devez :**

➜ **bien analyser la question et formuler le problème** qu'elle implique ;
➜ **développer une analyse suivie, argumentée et cohérente** de ce problème ;
➜ **nourrir votre analyse d'exemples** ;
➜ **mobiliser vos connaissances** (repères, concepts, auteurs...).

Remarque
Montrez que vous avez compris le problème auquel renvoie le sujet et élaborez une **réflexion structurée, progressive et argumentée** à partir de ce problème.

Comment procéder ?

1. Analyser le sujet

ÉTAPE 1 COMPRENDRE LE SUJET

- Recopiez le sujet au brouillon.
- **Définissez les termes du sujet :** notez leurs différents sens, leurs antonymes et synonymes, leurs étymologies et ce qu'elles suggèrent. Si un terme a plusieurs sens, l'évolution de la conceptualisation permettra d'approfondir la réflexion au cours de la dissertation et de passer d'une partie à l'autre.
- **Soyez attentif à *tous* les termes du sujet.** Certains termes qui paraissent insignifiants peuvent parfois orienter la question. Par exemple, le sujet « Suffit-il d'obéir aux lois pour être juste ? » n'est pas le même que « Faut-il obéir aux lois pour être juste ? ». Le premier présuppose qu'il faut obéir aux lois pour être juste et demande s'il ne faut pas autre chose en plus, alors que le second interroge ce présupposé.
- **Soyez attentif à la forme de l'interrogation.** Elle peut impliquer des présupposés ou des domaines d'analyse. Par exemple, « peut-on » implique la plupart du temps que l'on se demande : 1) si c'est possible ; et 2) si on en a le droit.
- Interrogez-vous sur les **raisons** qui justifient la question et sur ses **présupposés**.

Remarque
Ne vous contentez pas d'une analyse partielle.
En analysant bien tous les termes du sujet, vous éviterez le hors-sujet ou l'omission d'une perspective importante. Vous dégagerez ainsi plusieurs pistes de recherche.

ÉTAPE 2 PROBLÉMATISER LE SUJET

- La problématique n'est pas la question elle-même, mais la **mise en évidence du problème** qu'elle soulève.
- Le problème prend la forme de **deux hypothèses opposées** qui paraissent toutes deux plausibles.
- **Utilisez l'analyse des termes du sujet** pour le reformuler et en faire apparaître les divers aspects.

Remarque
Dégagez les questions que soulève le sujet en vous aidant de l'analyse de ses termes.

2. Approfondir sa réflexion sur le sujet

ÉTAPE 1 IDENTIFIER LES NOTIONS EN JEU

- Un même sujet peut faire intervenir **plusieurs notions** au programme. Par exemple, le sujet « Faut-il opposer la religion et la science ? » porte sur la religion et la science, mais aussi sur la vérité et la raison.
- **Identifiez les repères** que vous pouvez exploiter pour approfondir votre réflexion sur le sujet.

Remarque
Ancrez la question dans le réel : partez d'expressions courantes ou d'exemples concrets pour développer votre réflexion sur le sujet.

ÉTAPE 2 IDENTIFIER LES THÈSES POSSIBLES

- **Une thèse est une affirmation qui répond à la question.**
- Demandez-vous quelles réponses on peut apporter à cette question et ce que cela peut impliquer.
- **Reformulez les différentes réponses possibles à la question en une phrase.** Chaque phrase pourra être conçue comme le titre de chaque partie du devoir.

ÉTAPE 3 ARGUMENTER ET ILLUSTRER SES IDÉES

- **Demandez-vous ce qui justifie chaque thèse.** Pourquoi peut-on affirmer ceci ou cela ?
- N'y a-t-il pas des **objections** ou des **contre-exemples** qui remettent en cause telle ou telle thèse ?
- **Cherchez des exemples** qui permettent d'illustrer vos idées.
- **Mobilisez votre cours :** listez les auteurs et les concepts que vous pouvez convoquer.

Remarque
Faites bien la différence entre un **argument** et un **exemple :** un argument est une justification générale qui repose sur un raisonnement, alors qu'un exemple est un cas particulier qui illustre l'argument.

3. Construire le plan de la dissertation

ÉTAPE 1 CONSTRUIRE LE PLAN AU BROUILLON

- **Élaborez un plan au brouillon.** Ne commencez pas à rédiger votre copie sans avoir d'abord organisé vos idées, vous risqueriez de vous éloigner du sujet ou d'oublier des éléments importants.
- **Chaque partie doit défendre une idée**, une thèse qui répond à la question.
- **Votre plan doit être progressif.** Partez de l'idée qui vous semble la plus évidente pour ensuite approfondir la réflexion et finir par la thèse que vous soutenez.
- Précisez dans chaque partie les **arguments** qui vont justifier vos affirmations, ainsi que les **exemples** illustrant ces arguments.

Remarques
- Lorsque vous construisez votre plan, **faites des phrases** pour formuler l'idée de chaque partie.
- Ne vous contentez pas de noter simplement « oui » ou « non », c'est beaucoup trop vague.

ÉTAPE 2 RÉDIGER LES TRANSITIONS

- **Rédigez les transitions au brouillon.** Elles vous assurent de la cohérence logique de la structure de votre devoir et de son caractère progressif.
- Une transition **rappelle** d'abord l'idée qui vient d'être établie, puis **justifie** le passage à l'idée suivante.

4. Rédiger la dissertation

ÉTAPE 1 RÉDIGER L'INTRODUCTION

- **Rédigez l'introduction au brouillon.**
- **Commencez par une accroche qui justifie le sujet.** Trouvez une idée d'accroche pertinente et percutante. Vous pouvez partir d'une citation, d'un constat, d'un film, etc.
- **Posez le sujet, puis problématisez-le.**
- **Annoncez le plan** de votre devoir en mettant en évidence les liens logiques entre chaque partie. La progression de votre réflexion apparaîtra ainsi clairement.

Remarque
Pensez à **aérer votre copie**. Le correcteur doit pouvoir distinguer d'un seul coup d'œil l'introduction, les parties, les paragraphes, les transitions et la conclusion.

ÉTAPE 2 RÉDIGER LE DÉVELOPPEMENT

- Le développement doit comporter, idéalement, trois parties distinctes. **Chaque partie propose une réponse possible à la question.** La dernière partie constitue la thèse que vous soutenez. Vous pouvez vous en tenir à deux parties, à condition de ne pas vous contenter d'une simple opposition stérile.
- **Divisez chaque partie en plusieurs paragraphes.** Chaque paragraphe présente un argument.
- **Ménagez des transitions entre les parties.** Elles opèrent le passage d'une partie à l'autre.
- **Suivez votre plan.** Si une nouvelle idée vous vient à l'esprit durant la rédaction, assurez-vous qu'elle ne remette pas en cause la direction choisie au départ afin d'éviter le hors-sujet.

Remarque
Soyez attentif à la forme de votre devoir :
- **Faites un alinéa** au début de chaque paragraphe.
- **Allez à la ligne** à chaque paragraphe.
- **Passez deux lignes** entre l'introduction et la première partie, entre les parties et les transitions, et entre la dernière partie et la conclusion.

ÉTAPE 3 RÉDIGER LA CONCLUSION

- La conclusion synthétise l'**essentiel de la progression** et donne explicitement la **thèse retenue**.
- **L'éventuelle question d'ouverture n'est pas une nécessité.** Elle a pour but de montrer que votre thèse peut amener à de nouvelles interrogations, et donc que vous seriez capable de continuer encore l'analyse.

Remarque
Dans votre conclusion, veillez à **ne pas poser une question que vous êtes censé avoir résolu** pour répondre au sujet.

5. Relire sa copie

- **Relisez attentivement votre devoir.** Corrigez les fautes d'orthographe et de syntaxe, repérez les éventuels oublis de réécriture après avoir effacé un mot, supprimez les possibles doublons…
- **Consacrez au moins dix minutes à cette relecture.**

En quoi consiste l'épreuve orale ?

- L'épreuve orale consiste en l'**explication d'un passage d'une œuvre préalablement étudiée en classe**.
- Présentez-vous muni de la **liste** remise par votre professeur et de **deux exemplaires de l'œuvre** que vous présenterez (un pour vous et un pour votre examinateur).

Comment procéder ?

1. Préparer son exposé

- **La méthode d'explication est similaire à celle de l'explication de texte écrite** (voir fiche 1 p. 138), à ceci près qu'il vous faut situer le passage dans la structure globale de l'œuvre et montrer l'intérêt du texte par rapport à sa problématique générale.
- **Analysez le passage pour lui-même.** Le but n'est pas de redire tout ce que vous connaissez de l'œuvre et de son auteur, mais de montrer que vous avez compris le texte, le problème qu'il présente et son intérêt pour l'ensemble de l'œuvre.
- **Lisez attentivement le passage** en notant les idées au brouillon. Repérez le thème, la thèse, le problème, les idées importantes et le plan du texte.
- **N'écrivez pas tout au brouillon.** Prenez simplement des notes qui vous guideront lors de votre exposé.

Remarque
Vous n'aurez que **20 minutes** de préparation, ce qui est très court. Il vous faut arriver à l'épreuve avec une **bonne connaissance de l'œuvre**.

2. Expliquer le texte

- **Introduisez le texte.** Présentez l'auteur et l'œuvre, puis situez le texte dans l'œuvre. Précisez la thèse et le problème dont traite le texte, puis annoncez son plan.
- **Lisez le texte clairement**, en étant dynamique et convaincant.
- **Expliquez le texte de manière linéaire.** Précisez régulièrement le passage que vous expliquez, en le relisant si besoin.
- **Concluez.** Reprenez les idées importantes du texte et rappelez la thèse. Précisez l'importance du texte dans l'œuvre en mentionnant synthétiquement le contenu de la suite de l'ouvrage.

Remarques
- Même si l'épreuve est de **20 minutes**, votre explication ne doit pas forcément durer 20 minutes.
- La plupart du temps, le candidat explique le texte pendant **10 à 15 minutes.** Le reste du temps est consacré à l'entretien.

3. Répondre aux questions de l'examinateur

- Au terme de l'exposé, l'examinateur vous invitera, par des questions et remarques, à **clarifier, préciser, voire rectifier votre interprétation du texte**.
- Cet entretien vise à **corriger les erreurs ou oublis éventuels**, ou à **approfondir et améliorer l'analyse du texte**.

Remarque
Vous devez être **audible** : faites attention à votre débit de parole. Prenez le temps d'exposer vos idées, ne lisez pas vos notes et regardez l'examinateur.

MIXTE
Papier issu de sources responsables
FSC® C022030
www.fsc.org

Nathan est un éditeur qui s'engage pour la préservation de son environnement et qui utilise du papier fabriqué à partir de bois provenant de forêts gérées de manière responsable et contrôlée.

N° d'éditeur : 10262092
Dépôt légal : septembre 2020
Achevé d'imprimer en septembre 20
en France, par l'imprimerie Clerc.